음식을
공부합니다

음식에 진심인 이들을 위한 '9+3'첩 인문학 밥상

음식을 공부합니다

주영하 지음

라멘, 라멘, 라면? · 아이스크림은 축산물? · 막걸리는 발명한 음식, 발견한 음식? · 불고기의 기원은 평양불고기? · 치즈에서 배운 두부의 발명? · 평양냉면은 겨울 음식? · 양념배추김치 등장의 일등공신은 반결구배추? · 조선시대 잡채에는 당면이 없다?? · 입하 전어에서 가을 전어로? · 설날 음식은 떡국? · 전주비빔밥의 유행은 서울에서부터? · 베이징 올림픽과 짜장면?

H

MZ세대인 수영과 홍석에게

가족들과 '먹방'을 볼 때가 종종 있습니다. 보다가 제가 갑자기 버럭 화를 낸 적이 한두 번이 아닙니다. 가족들은 처음 몇 번은 깜짝 놀라면서 저를 진정시켰지만, 지금은 그러려니 하고 내버려 둡니다. 30년 넘게 음식을 공부해온 저의 직업병일지도 모릅니다만, '먹방'에 나오는 음식 역사에 관한 설명이 오류라서 그랬습니다. 아마도 관련 웹사이트나 부정확한 자료를 보고 쓴 대본 때문에 그런 오류가 버젓이 방송을 탔던 듯합니다.

오류는 사실을 확인하고 고치면 됩니다. 이 책의 부제에서 '9+3첩'도 12첩의 오류를 알리려고 쓴 것입니다. 많은 책에 조선시대 왕이 12첩 밥상을 받았다고 쓰여 있습니다. 조선시대에 왕이 매일 12첩 밥상을 받았다는 역사적 기록은 아직 발견되지 않았습니다. 9첩은 중앙의 1과 동서남북의 8개의 방향에서 비롯된 것입니다. 9가 부족하다고 여겨 여기에 3을 보탠 상차림이 12첩입니다.

이처럼 오류는 고치면 되지만 '공부법'을 제대로 갖추기는 쉽지 않습니다. 음식의 역사와 관련해 오류가 많은 이유도 알고 보면 '음식 공부법'을 알지 못했기 때문에 생긴 경우가 많습니다. 그래서 제가 지금까지 음식 공부를 하면서 터득한 음식 공부 '노하우'를 12가지로 정리해 여러분과 공유해보고 싶었습니다. 이미 저의 다른 책을 읽은 독자라면, 제가 펴낸 책에 있는 내용과 비슷한 글이 이 책에도 나온다고 타박할지도 모르겠습니다. 그래도 책장을 바로 덮진 마십시오. 하나의 음식에 담긴 역사를 아는 것 못지않게 그러한 역사를 탐구하도록 인도하는 '음식 공부법'이 중요하기 때문입니다.

그동안 '음식'이란 주제로 제가 펴낸 책은 독자들로부터 많은 관심을 받았습니다. 이 자리를 빌려 감사의 말씀을 드립니다. 하지만 제 책을 본 독자 중에는 빽빽한 사료들 때문인지 제 글이 맛도 없고 어렵기만 하다고 불평을 터뜨린 분도 적지 않다는 사실을 압니다. 20대 MZ세대인 제 딸아들도 제가 들려주는 음식 역사 이야기를 그닥 좋아하지 않습니다. 가령 '바나나' 역사를 알려주려고 세계사를 이야기하다 보니, 몇 시간을 혼자 떠들기 일쑤라 그렇습니다.

이 문제를 해결하기 위한 좋은 기회가 있었습니다. 이 책은

2021년 〈EBS 클래스e〉에서 강의한 '음식 인문학'에서 출발했습니다. 한 강의에 주어진 시간이 '20분'뿐이라서 저는 선뜻 출연에 동의했습니다. '음식 말' 많은 저를 단속할 수 있는 좋은 장치라고 생각했습니다. 이 프로그램의 강의록을 수정하고 보완해서 내놓은 것이 바로 이 책입니다. 혹시 이 책을 통해 저를 처음 만나는 독자라면, 저의 음식 공부법이 믿을 만한 것인가 궁금해하실지도 모르겠습니다. 그런 분은 이 책의 마지막에 실린 '부록: 나의 음식 공부 이력서'를 먼저 읽으셔도 좋습니다. 제가 공부해온 '음식 인문학'이 어떤 공부인지 알 수 있을 것입니다.

저는 이 책을 이런 분들을 생각하며 썼습니다. 식품 관련 전공 대학생과 대학원생, 인문학과 사회과학을 전공하지만 음식의 역사에 관심이 있는 대학생과 대학원생, 수시로 '먹방'의 작가로 차출되는 비정규직 작가, 음식 칼럼니스트를 꿈꾸는 MZ세대, 음식 칼럼니스트로 제2의 인생을 준비하고 싶은 4050세대, 그리고 조금이라도 음식에 진심인 분들까지. 그럼 이제 저와 함께 12가지의 '음식 공부법' 세계로 들어가보시죠.

2021년 늦가을,
배춧속이 차오르는 소리를 들으며
주영하

1강

라멘, 라멘, 라면?

이름의 내력을 따져라

첫 번째 음식 공부는 '음식의 이름'을 살피는 것입니다. 특정한 음식의 역사를 공부한다면 무엇보다 먼저 음식 이름의 유래와 의미를 알아야 합니다. 이때 필요한 공부 도구는 사전인데, 종이책으로 된 것보다 인터넷 포털 사이트의 사전을 이용하는 것이 더 편합니다. 포털 사이트에는 한국어뿐만 아니라, 영어, 중국어, 일본어 등 여러 외국어 사전이 있습니다. 만약 한국어 외에 해독 가능한(물론 번역기를 돌려도 됩니다) 외국어가 있다면, 해당 외국어에서 인기 있는 포털 사이트(영어는 Google, 중국어는 Baidu와 tw Yahoo, 일본어는 Yahoo Japan)에서 검색하면 좋습니다. 사전에서 중점을 두고 보아야 할 내용은 '어원'입니다. 서양 음식의 어원은 '위키피디아 영어판(en.wikipedia.org)'에 비교적 잘 정리되어 있습니다. 그렇다고 무조건 사전의 내용을 믿으라는 말은 아닙니다. 음식 이름의 내력에 관해서는 한 가지 설만이 아닌 경우가 적지 않습니다. '논문 검색 사이트(www.riss.kr)'에서 여러 자료를 찾아 읽고 논리적으로 정리해본다면 음식 이름에 얽혀 있는 역사를 더 깊이 이해하는 데 도움이 됩니다.

저는 음식 이름에 담긴 역사를 설명하는 데 대표적인 음식으로 '라면'을 꼽습니다.

먼저 포털 사이트에서 '라면'을 검색하면 표준국어대사전에 이렇게 적혀 있습니다.

> **국어사전 단어** 1-5 / 47건
>
> <u>라면</u>¹ (([일본어]râmen) ◀ ★★★
> [명사] 국수를 증기로 익히고 기름에 튀겨서 말린 즉석식품. 가루수프를 따로 넣는다.

여러분이 잘 알고 있는 라면에 관한 정의입니다. 그런데 재미있는 것은 일본어로는 'râmen'이라고 적어놓은 부분입니다. 국어사전에서는 한국어 '라면'이 일본의 '라멘'에서 왔다는 사실을 분명하게 못박고 있습니다.

그렇다면 일본어 사전에서는 어떻게 써놓았을까요?

> **일본어사전 단어** 1-5 / 58건
>
> <u>라면</u> ((중국어) 拉麪·老麪)
> 명사 ラーメン, 中華 ちゅうかそば.

라면의 일본어는 정확하게 발음하면 '라―멘(ラーメン)'입니다. '라멘'의 다른 말로는 '추카소바(中華そば)'라는 것도 있다고 했습니다. '추카소바'를 한국어로 번역하면 '중화국수'입니다. 그런데 표제어 옆에 중국어 '납면(拉麵)'과 '노면(老麵)'이라고 표기해두었습니다. 일본어 '라멘'이 이 두 한자에서 유래했다는 뜻입니다. 중국어 '납면'은 베이징을 비롯하여 북방에서 부르는 발음입니다. '노면'은 효모가 든 밀가루 반죽을 가리키는 뜻도 있지만, 여기에서는 중국 남방의 지방어인 민난어(閩南語)에서 '납면'을 '老麵(노면)'이라 적고 발음을 'lǎo-miàn'이라고 하는데, 이것도 일본어 '라멘'의 어원임을 표시한 것입니다. 위키피디아 영어판에서는 "라멘이란 단어는 중국어 'la-mian(拉麵)'을 일본어로 옮긴 것이다"라고 밝혔습니다.

> **영어사전 단어·숙어** 1-5 / 114건
>
> <u>라면</u> (râmen)
> ramen, instant noodles

영어사전에서는 라면을 'ramen'이라고 표기했습니다. 그러면서 그 뜻풀이로 'instant noodles'라고 적었습니다. 한국어 '라면'의 정확한 이름은 '인스턴트 라면'입니다. 영어 '인스턴트'는 '즉석에서 간편하게 이루어짐'을 이르는 말입니다. 뜨거운 물만 있으면 바로 요리할 수 있는 음식이 바로 인스턴트 라면입니다. 그렇다면 인스턴트 라면 이전에 그냥 '라면'이란 음식도 당연히 있었을 것입니다. 제가 본격적으로 라면의 역사와 문화를 연구하기 전만 해도, 앞의 국어사전처럼 '라면'이란 말이 중국어 '라멘'에서 왔다고 알았습니다. 많은 학자가 이 '라멘'이란 말이 일

간쑤성

란저우 ●

수타법 라면의 기원지로 알려진 간쑤성의 성도 란저우.

본에 가서 '라멘'이 되었고, 다시 한국에서 '라면'이 되었다고 주장했습니다. 그래서 라면이란 음식의 기원지는 중국이고, 중국 중에서도 서북 간쑤성(甘肅省)의 성도(省都) 란저우(蘭州)라는 사실을 조금도 의심하지 않았습니다.

란저우에는 '라멘'이 없다

저는 2014년 11월, 라면의 기원지로 알려진 란저우를 방문했습니다. 도착한 첫날, 시내를 돌아다니면서 한자 '납면'이란 이름이 붙은 음식점을 찾아다녔습니다. 하지만 음식점 간판에서 '납면'이란 글자를 발견할 수 없었습니다. 사실 베이징이나 상하이만

해도 '난주납면(蘭州拉麵)'이란 한자를 써 붙인 음식점을 쉽게 발견할 수 있는데 말입니다.

다음 날 란저우 사람들을 붙들고 물어보았더니, '라멘'이란 음식은 없다고 했습니다. 그들에게 '라멘'은 특정 음식을 가리키는 말이 아니라, 국수를 만드는 방법을 뜻했습니다. 잘 반죽된 밀가루 덩어리를 길쭉한 나무토막처럼 만든 후 양손으로 잡아 길게 늘였다가 양쪽을 합치고, 이 같은 동작을 수 차례 반복함으로써 가는 국숫발을 만드는 행위를 '라멘'이라고 한다는 것입니다. '라멘' 말고 '쇼우라멘(手拉麵)'이라는 말도 있다고 했습니다. '쇼우라멘'의 '쇼우'는 '손'을 가리킵니다. 곧, 밀가루 반죽을 손으로 늘이는 모습을 묘사한 말입니다. '라멘'은 국수를 손으로 직접 늘이는 '수타면(手打麵)'과 같은 말입니다.

란저우에서는 '라멘'의 방법으로 만든 국수를 '뉴러우멘(牛肉麵)', 곧 '우육면'이라고 부릅니다. 란저우는 본래 회족(回族)의 도시입니다. 회족은 아랍계 민족으로, 중국에 편입된 이후 한족과 혼인하여 겉모습은 한족과 비슷합니다. 하지만 줄곧 이슬람교를 믿어왔기 때문에 회족은 돼지고기를 먹지 않고 소고기만 먹습니다. 그래서 우육면은 설렁탕이나 곰탕 만들듯이 소고기를 푹 고아낸 국물에서 맑은 국물을 내 '라멘' 방식으로 만든 국수를 넣은 음식입니다.

란저우 라멘 기술자들의 솜씨는 대단합니다. 밀가루 반죽을 몇 시간 발효시킨 다음에 그것을 양손으로 늘이는데, 양손이 벌어졌다 모이는 데 10초도 걸리지 않습니다. 저도 배워봤지만 성공하지 못했습니다. 한 3개월간 연습해야 겨우 그 기술을 익힐 수 있다고 합니다.

란저우 우육면의 국수는 젓가락으로 높이 집어 올려도 쉽게 끊어지지 않는다.

왜 이 기술을 배우기가 힘들까요? 란저우는 밀을 재배하기에 매우 좋은 토양과 기후를 갖고 있습니다. 특히 란저우 외곽의 농촌에서 재배되는 밀은 밀알에 털이 거의 없어서 현지 사람들이 '스님머리'라고 부르는 품종입니다. 이 품종은 글루텐(gluten) 성분을 세계에서 가장 많이 함유하고 있습니다. 글루텐은 회갈색의 찰기가 있는 물질입니다. 이것이 많이 함유된 밀이어야 반죽이 잘 됩니다. '스님머리'의 밀알을 가루 내어 반죽한 찰진 밀 덩어리를 라멘 기술로 가늘게 뽑아내려면 여간 힘든 일이 아닐 겁니다.

추운 겨울 새벽이면 란저우 사람들은 아침을 먹으려고 우육면 식당 앞에 줄을 섭니다. 소고기와 사골을 넣고 오래 끓인 육수로 만든 우육면의 국수는 젓가락으로 잡고 머리 위까지 올려도 끊어지지 않습니다. 이 쫄깃한 국수가 들어간 우육면을 먹으면 란저

우 사람들은 힘이 나서 하루의 시작도 활기차다고 합니다. 우육
면은 란저우 사람들의 소울 푸드입니다. 그러나 란저우에는 '라
멘'이란 음식이 없습니다. '라멘'은 국수를 만드는 행위를 가리키
는 말입니다.

인스턴트 라멘 개발의 비화

'라멘'이란 음식 이름은 일본에서 생겨난 것이 분명합니다. 이 이
름이 한국을 비롯하여 세계 각국으로 전해진 결정적인 이유는 일
본에서 처음으로 '인스턴트 라멘'을 개발했기 때문입니다. 인스
턴트 라멘은 닛신식품(日淸食品)을 설립한 안도 모모후쿠(安藤百
福, 1910~2007)가 1958년 봄에 처음으로 선보였습니다. 안도가
개발한 이 인스턴트 라멘의 제품 이름은 '치킨라멘(チキンラーメ
ン)'입니다. 닭고기를 우려 라멘의 국물 맛을 낸 것입니다. 안도
의 치킨라멘이 대단한 인기를 누리면서, 라멘이란 음식 이름이
1950년대 말부터 1960년대 초 사이에 일본에서 일상용어로 자
리 잡았습니다.

안도가 치킨라멘을 만들게 된 사연을 한번 살펴보겠습니다.
이 이야기는 안도의 자서전인 《닛신식품 창업자 안도 모모후쿠전
(日淸食品創業者·安藤百福傳)》(닛신식품주식회사, 2008)에 나옵니다.

1950년대 들어와 일본 여러 도시의 번화가에 자리 잡은 포장

마차에서는 '중화국수'라는 이름으로 라멘을 팔았습니다. 이것을 본 안도는 이 '중화국수'를 인스턴트로 만들면 좋겠다고 생각했답니다. 1957년 안도는 중고 제면기와 중국식 솥, 18킬로그램의 밀가루, 식용유 등을 사서 자신의 집에서 인스턴트 라멘 개발에 착수했습니다. 안도는 본래 메리야스 무역상이었으므로 국수를 만들어본 경험이 없었습니다.

안도는 자서전에서 이렇게 썼습니다.

힌트는 생각지 않은 곳에 있었다. 하루는 부엌에 들어가니 아내 마사코 (仁子, 1918~2007)가 덴푸라를 튀기고 있었다. 물에 푼 밀가루의 옷은 기름 속에 들어가 칙 하는 소리와 함께 물을 튕겨냈다. 위로 떠올랐을 때 밀가루 옷의 표면에는 수많은 구멍이 숭숭 나 있었다. 이거다. 덴푸라의 원리를 응용하면 좋겠다.

덴푸라(天ぷら)는 16세기 외국인 가톨릭 선교사가 일본에 와서 퍼뜨린 말입니다. 가톨릭에서는 금요일에 고기를 먹지 않는 금기가 있습니다. 그래서 고기 대신 생선을 튀겨 먹는데, 이 음식을 스페인어로 '템포라(tempora)', 포르투갈어로 '템페로 (tempero)'라고 불렀습니다. 이 말에서 유래한 덴푸라는 '튀긴 음식'을 가리킵니다. 증기로 찐 국수를 덴푸라처럼 기름에 튀기면, 국수에 함유된 수분이 밖으로 빠져나오면서 국수는 거의 건조된 상태가 됩니다.

이렇게 만든 국수는 반년 동안 상온에 그냥 두어도, 변질하지도 부패하지도 않습니다. 안도는 물뿌리개 안에 양념 스프를 넣고 찐 국수의 표면에 뿌리는 방법도 개발했습니다. 이 스프를 뿌린 찐 국수를 기름에 튀겨 말린 다음 그릇에 넣고 뜨거운 물을 부으니, 국수의 표면에 있던 스프 액이 녹아서 국수와 국물이 모두 간이 되었습니다. 이것이 안도의 자서전에 나오는 '인스턴트 라멘', 곧 '즉석면(卽席めん)' 개발의 비화입니다.

새로 개발된 음식 마케팅에는 생소한 '라멘'이란 이름이 좋았다

정말로 안도가 부인이 덴푸라 튀기는 것을 보고 인스턴트 라멘을 처음 개발했을까요? 저는 음식의 역사를 연구하면서 기존의 주장을 의심하는 버릇이 생겼습니다. 이탈리아의 베네치아 상인 마르코 폴로(Marco Polo, 1254~1324)가 중국 원나라를 여행하면서 국수 제조법을 배워 귀국하여 파스타를 만들었다는 이야기도 진실이 아닙니다. 1920년대 뉴욕의 한 기자가 맨해튼 남쪽에 서로 맞붙어 있는 차이나타운과 이탈리아타운에서 국수와 파스타가 판매되는 것을 보고 마르코 폴로가 중국에서 국수를 배워 파스타를 개발했다는 '가짜 뉴스'를 기사로 썼습니다. 이후 이 가짜 뉴스는 백과사전과 학자들의 논문에도 실렸습니다.

저는 인스턴트 라멘의 개발 역사에도 허구가 있다고 생각합니다. 안도는 타이완 출신의 한족입니다. 중국 이름은 '우바이푸(吳百福)'입니다. 성을 일본식으로 바꾸고 이름을 그대로 써서, 안도 모모후쿠가 되었습니다. 저는 한국인 최초로 안도의 고향인 타이완의 중남부에 위치한 푸쯔시(朴子市)에 가서 안도의 친척인 오씨들을 만났습니다.

그런데 그곳에서 생면을 기름에 튀긴 음식인 '유면(油麵)'을 소개받았습니다. 타이완을 비롯하여 중국 남부의 홍콩이나 광둥성(廣東省) 일대는 아열대성 기후로 인해 밀이 재배되지 않습니다. 그런데 황제가 머물고 있는 북방에서는 소가 들어가지 않은 만두나 소가 들어간 교자, 국수와 같은 밀가루 음식이 주식이었습니다. 권력자가 먹는 음식을 먹고 싶다는 생각은 지구촌 곳곳의 음식 역사에서 자주 나타나는 현상입니다. 북방의 밀을 구하여 국수를 만들어도 중국 남부 지역에서는 덥고 습한 날씨 때문에 오랫동안 보존하기 어렵습니다. 그래서 개발된 국수가 바로 유면입니다.

타이완에는 닭고기 국물을 넣은 밀가루 반죽으로 국수를 만든 다음 기름에 튀겨낸 '지쓰멘(鷄絲麵)'이란 음식이 있습니다. 이 것도 유면의 한 종류입니다. 안도가 타이완에 있을 때 이 지쓰멘을 먹었을 것입니다. 안도는 자신이 개발했다는 인스턴트 라멘을

타이완의 식품 가게에서 판매하는 지쓰몐(왼쪽)과 1958년 출시된 치킨라멘(오른쪽).

'치킨라멘'이라고 불렀습니다. 안도의 '치킨라멘'과 타이완의 '지쓰몐', 이 둘은 닭고기 국물이 국수에 배어 있는 점에서 매우 비슷한 음식입니다. 이것이 바로 제가 안도의 '치킨라멘' 개발 비화를 의심하는 이유입니다.

그렇다고 안도가 '라멘'이란 단어도 개발했다고 보지는 않습니다. 연구자마다 주장이 약간씩 다르지만, 일본 문헌에서 '라멘'이라는 단어가 처음 나온 것은 1950년에 출간된 《서양요리와 중화요리(西洋料理と中華料理)》(슈후노토모샤, 1950) 입니다. 이 책에서는 중국 국수를 소개하면서 이것이 요사이 '라멘'이라고 불리고 있다고 했습니다. 곧, 1940년대 말 일본에서 중국 국수를 '라멘'이라고 부르기 시작했다는 말입니다.

저는 이 책의 주장을 중국 동북 지역의 선양(瀋陽)에서 음식

조사를 하면서 확인했습니다. 선양에도 회족의 집단 거주지역이 청나라 때부터 있었습니다. 식민지기에 중국 동북 지역의 일본군 본부가 선양에 있었습니다. 이곳에 있던 일본 군인들은 회족이 우육면을 만들면서 '라멘'이란 말을 하는 것을 듣고 우육면을 '라멘'으로 오해했을 가능성이 큽니다. 그들은 귀국하여 중국 국수를 '라멘'이라 불렀고, 그래서 일본에 '라멘'이란 말이 알려졌습니다. 그렇다고 라멘이란 말이 급속하게 퍼진 것은 아닙니다. 겨우 포장마차에서 미국 정부가 공짜로 준 밀가루로 만든 '라멘'을 먹었을 뿐이기 때문입니다.

일본에 '라멘'이란 단어를 널리 퍼트린 사람은 안도입니다. 1958년 6월, 안도는 오사카에서 가장 번화가인 우메다(梅田)에 있는 한큐(阪急) 백화점 지하 식료품 매장에서 '치킨라멘'의 시식회를 최초로 열었습니다. 2분만 기다리면 바로 먹을 수 있다는 말에 사람들은 반신반의 했습니다. 그들 중 의심하면서도 기다린 사람들은 치킨라멘 맛을 본 후 500개의 치킨라멘을 그 자리에서 다 사 갔습니다. 이 일이 있고 나서 일본의 언론에서는 치킨라멘을 '마법의 라멘'이라고 불렀습니다. 당시 우동 한 '사리' 가격이 6엔이었는 데 비해 치킨라멘은 35엔으로 매우 비쌌지만, 부유층 사이에서 불티나게 팔려나갔습니다. 인스턴트 라멘의 인기는 포장마차나 중국 음식점에서 판매하던 '추카소바'의 이름도 아예 '라멘'으로 확실하게 자리 잡는 계기가 되었습니다.

옷감으로 오해받은 한국의 '라면'

일본에 가면 요사이도 '치킨라멘'을 사먹을 수 있습니다. 그런데 이 치킨라멘의 맛이 한국 사람의 입맛에는 안 맞을 수도 있습니다. 더욱이 라면스프가 없어서 뜨거운 물을 부을 때 무언가 빠트린 듯한 기분이 듭니다. 왜 한국 라면에는 한결같이 스프가 별도로 들어 있을까요? 사연은 이러합니다.

삼양식품 창업자 전중윤(全仲潤, 1919~2014)은 일본에서 인스턴트 라면이 유행한다는 소문을 듣고 아직 한국과 외교 관계가 없었던 1962년 일본에 갑니다. 하지만 전중윤은 안도의 특허권과 제조 기계를 살 만큼 큰돈도 없었고, 안도를 만날 방법도 찾지 못했습니다. 절망하고 있던 전중윤은 지인의 도움으로 당시 일본 인스턴트 라멘 업계의 2위 업체였던 묘조식품(明星食品)의 대표 오쿠이 기요스미(奧井淸澄, 1919~1973)를 만났습니다. 오쿠이는 전중윤을 만난 자리에서 한국전쟁 때 일본이 미군의 보급기지 역할을 하여 경제가 재건되었으니, 그 은혜를 갚기 위해서라도 도와주겠다고 약속했습니다.

오쿠이는 이 약속을 바로 실행에 옮겼습니다. 본래 묘조식품의 인스턴트 라멘은 안도의 특허권을 침해하지 않으려고 국수에 스프가 뿌려진 안도의 치킨라멘과 달리 양념 스프를 별도로 첨부한 형태였습니다. 삼양식품의 인스턴트 라면도 양념 스프를 국수와 별도로 넣었습니다. 1963년 9월 15일 삼양식품은 한국 최초

1963년 10월 2일자 《경향신문》에 실린 즉석국수 삼양 라-면 광고.

의 '즉석 삼양 라-면'이라는 이름의 인스턴트 라면을 발매하면서 소비자들의 폭발적인 반응을 기대했습니다.

하지만 소비자들의 반응은 냉랭했습니다. 특히 '즉석 삼양 라-면'이란 이름에서 '즉석'과 '삼양'이란 말은 알았지만, '라-면'이 도대체 무엇인지 몰랐습니다. 심지어 '라-면'을 '라면(羅棉)', 곧 옷감의 한 종류로 여긴 사람도 적지 않았습니다. 결국 삼양식품에서는 1963년 10월 여러 신문에 광고를 내면서 '즉석'을 '즉석국수'로 바꾸었습니다. '라-면'이 국수라는 점을 강조한 것이었습니다. 이 마케팅 전략은 점차 성공을 거두었습니다. 발매 첫 해인 1963년 12월 한 달 판매량이 20만 봉지였는데, 다음 해 5월에는 73만 봉지로 늘어났습니다. 이로써 '라면'은 더는 옷감이라는 오해를 받지 않았습니다.

음식 이름의 내력을 따져라

음식의 역사를 살필 때, 음식 이름에 현혹되면 오류를 범하기 십상입니다. 음식 이름에는 몇 가지 규칙이 있습니다.

첫째는 주재료에 부재료나 조미료 혹은 만드는 법이나 맛, 생김새와 색 등을 결합한 것입니다. 예를 들면 김치찌개는 주재료인 김치와 요리된 상태인 찌개가 합쳐져서 만들어진 이름입니다. 보쌈김치는 생김새가 마치 보자기로 싼 듯하여 붙여진 이름입니다. 둘째는 기능과 음식의 형태를 결합한 것입니다. 해장국은 국의 일종으로, 해장이란 기능을 가진 음식입니다. 셋째는 설화를 음식의 이름으로 채택한 것입니다. 탕평채는 조선 영조 때 탕평책을 논하는 자리의 음식상에 처음 올라서 생긴 이름이라는 설화가 있습니다. 하지만 이 설화를 뒷받침할 역사적 사료는 아직 발견되지 않았습니다. 설화에서 유래했다는 음식의 이름은 대부분 후대에 각색된 것이 많습니다.

'라면'은 이러한 규칙에 적용되지 않습니다. '라면'이란 음식이름은 인스턴트 라멘을 식품으로 개발한 안도의 작품입니다. 안도는 당시로서는 일본에서 생소한 단어였던 '라멘'을 제품 이름에 붙여 자신의 발명품임을 강조했습니다. 타이완과 중국 대륙에서도 일본의 인스턴트 라멘을 받아들였지만, 주로 '팡벤몐(方便麵, fāngbiànmiàn)'이라고 부릅니다. '팡벤'은 '편리하다'는 뜻입니다. 타이완에서는 '팡벤몐'을 '파오몐(泡麵)'이라고도 부릅니다. 여기서 '파오(泡)'는 찻잎을 찻잔에 넣고 뜨거운 물을 붓는 행위를 가리킵니다. 찻잎을 '파오'하듯이 튀긴 국수에 뜨거운 물을 붓는다고 해서 이런 이름이 생겼습니다.

닛신식품의 중국 대륙판 '치킨라멘' 포장지.

일본 인스턴트 라멘의 개발업체인 닛신식품은 1994년에 광둥성에 현지 공장을 세웠습니다. 이때 내놓은 제품 중 하나가 '치킨라멘'입니다. 이 치킨라멘의 중국어 표기는 '지탕라몐(鷄湯拉麵)'이었습니다. 국수를 만드는 기술인 '라몐'이 본고장 중국 대륙에서 음식 이름으로 바뀌는 데 '치킨라멘'의 중국식 번역이 큰 역할을 했습니다. 일본어 '라멘'이 중국어 '라몐'이 되면서, 중국 사람들도 란저우의 우육면을 '라몐'이라고 불렀습니다. 란저우 사람들은 여전히 우육면이라고 부르지만, 란저우 바깥의 도시에서는 '란저우 라몐'이라고 부릅니다. 모두 치킨라멘의 확산이 가져온 결과입니다.

음식 이름에는 다의성(多義性), 곧 한 단어에 두 개 이상의 어휘적 의미가 있는 경우가 많습니다. 이 다의성 속에는 역사가 담겨 있습니다. 따라서 음식의 역사를 살필 때 가장 먼저 음식 이름의 내력을 따져야 합니다.

2강

아이스크림은 축산물?

음식의 범주를 따져보라

두 번째 음식 공부는 '식품학적 음식의 정의'를 파악하는 것입니다. 특정 음식에 관한 정의는 학문과 나라마다 다를 수 있습니다. 그래서 가장 먼저 식품학과 관련된 사전이나 개론서, 심지어 정부에서 발행한 식품 규격과 관련된 법률도 살펴야 합니다. 만약 그 음식이 외국에서 시작된 것이면, 외국어로 된 웹사이트의 사전(가령 위키피디아의 영어판, 일본어판, 타이완판)에서 설명하는 정의도 살피면 좋습니다. 그래야 한국 사회에서 통용되는 정의와 발생한 지역 사람들이 정의하는 내용 사이의 공통점과 차이점을 파악할 수 있습니다. 요리법이나 제조법도 알아야 합니다. 요리법이나 제조법은 다양할 수 있습니다. 이와 같은 작업을 하다 보면 스스로 특정 음식의 정의를 정리하는 기쁨을 맛보기도 합니다.

한국에는 국가 차원에서 식품 제조에 관한 기준을 정해둔 《식품 및 식품첨가물공전》(줄여서 《식품공전》이라고 합니다) 이란 법률이 있습니다. 예전에는 일일이 법전을 뒤져야 했지만, 지금은 식품 의약품안전처 웹사이트에 들어가면 직접 볼 수도 있고, 다운로드할 수도 있습니다. 만약 여러분이 특정한 음식을 만들어 판매하려면, 반드시 이 법률을 따라야 합니다. 시중에서 판매되고 있는 음식의 식품학적 정의를 살피는 데 《식품공전》은 아주 유용합니다. 우리가 마트에서 구입할 수 있는 모든 식품의 정의를 해놓았기 때문입니다.

지금부터 '식품학적 음식의 정의'가 얼마나 중요한지 아이스크림을 예로 들어 설명하겠습니다. 《식품공전》 파일을 다운로드하여, 단어 찾기에서 '아이스크림'을 입력합니다. 그러면 '제5 식품별 기준 및 규격'의 두 번째 '빙과류'에 아이스크림류, 아이스크림믹스류, 빙과, 얼음류 등이 나옵니다. 문투는 조금 딱딱하지만 아이스크림류의 정의를 살펴보겠습니다.

아이스크림류라 함은 원유, 유가공품을 원료로 하여 이에 다른 식품 또는 식품 첨가물 등을 가한 후 냉동, 경화한 것을 말하며, 유산균(유산간균, 유산구균, 비피더스균을 포함한다) 함유제품은 유산균 함유제품 또는 발효유를 함유한 제품으로 표시한 아이스크림류를 말한다.

그런데 이 《식품공전》의 '아이스크림류' 제목 옆에는 괄호하여 '*축산물'이라고 표기해두었습니다. 아이스크림류의 핵심 원료가 소나 양의 젖인 원유나 유가공품이기 때문에 이런 표기가 붙었습니다. 영어 'ice cream'은 본래 'iced cream' 또는 'cream ice'에서 파생된 단어입니다. 곧, 크림(cream)이 아이스크림의 주인인 셈입니다. '크림'은 동물의 젖을 균질화하기 전에 지방이 많은 위쪽 층을 분리한 식품을 가리킵니다. 지금부터 아이스크림류는 밀크(우유는 소의 젖만을 지칭하기에 여기서는 모든 포유동물의 젖을 포괄하는 밀크를 사용합니다)에서 나온 축산물의 한 종류임을 기억해두기 바랍니다.

아이스크림의 역사는 얼음의 역사부터?

"아이스크림의 역사를 알려면 먼저 얼음의 역사를 살펴보아야 한다."

이 말은 2013년에 국내에서 번역 출판된 《아이스크림의 지구사》(휴머니스트, 2013)에서 제가 쓴 '초대의 글'에 나옵니다. 당시 저는 《식품공전》을 읽지 않아 아이스크림이 밀크에 기반을 두고 있다는 당연한 사실을 생각하지 못했습니다. 그러다 보니 아이스크림의 '아이스(얼음)'에 초점을 맞추고 말았습니다. 제가 '초대의 글'을 쓴 《아이스크림의 지구사》의 저자는 미국의 유력지에 음식 관련 글을 쓰는 저널리스트입니다. 그 역시 이 책에서 얼음의 발견에서부터 아이스크림이 탄생했다고 보았습니다.

이 책뿐만 아니라 아이스크림의 역사를 다룬 대부분의 책에서도 먼저 얼음에 주목합니다. 고대 문명의 발상지에 존재했던 얼음 저장고의 역사를 들추어내거나, 처음으로 얼음을 먹은 사람이나 그들의 이야기를 아이스크림의 최초 역사로 서술합니다. 가령 고대 로마제국의 네로 황제가 와인이나 꿀로 맛을 낸 차가운 음료를 마셨는데, 이것을 아이스크림의 기원으로 보고 있습니다. 아이스크림의 역사에는 고대의 문헌 기록이 많이 남아 있는 중국이 반드시 들어갑니다. 기원전 1100년경 고대 중국의 황제인 천자(天子)는 석빙고를 갖추고 살았습니다. 이것이 아이스크림의 기원으로 설명됩니다. 심지어 마르코 폴로가 중국에서 아이스크림을 가져와 유럽에 소개했다는 허구가 역사적 사실로 알려지기도 합니다.

그래도 "아이스크림의 역사를 알려면 먼저 얼음의 역사를 살펴야 한다"라는 말은 결코 틀리지 않았습니다. 밀크와 얼음은 아이스크림의 핵심 재료이기 때문입니다. 고대 로마와 중국의 얼음에만 주목하지 않으려는 서양의 학자 중에는 중세 아랍인들이 체리나 석류와 같은 과일이나 꽃잎 등으로 만든 차가운 음료인 샤르바트(sharbat)를 아이스크림의 기원으로 보기도 합니다. 하지만 샤르바트에는 밀크가 들어가지 않으므로 식품학적으로 아이스크림의 기원이라고 볼 수 없습니다.

다행히 제가 음식의 역사 연구에서 가장 뛰어난 학자로 주목하는 이탈리아의 역사학자 알베르토 카파티(Alberto Capatti, 1944~)와 맛시모 몬타나리(Massimo Montanari, 1949~)는 17세기 후반의 기록에 나오는 '밀크 소르베토(milk sorbetto)'를 오늘날 아이스크림의 기원이라고 봅니다. 영어로 셔벗(sherbet)이라고 부르는 소르베토(sorbetto)는 얼음이나 눈에 설탕과 딸기나 레몬 등으로 만든 과일즙을 섞어서 얼린 디저트입니다. 그들은 이 소르베토가 '내 할머니의 크림'이라는 뜻인 '크레마 델라 미아 논나(crèma délla mia nonna)'라는 음식과 만나서 밀크 소르베토가 만들어졌다고 주장합니다. 곧, 밀크 소르베토는 얼린 음료인 소르베토에 달걀과 밀크를 넣은 음식이니, 앞에서 확인했던 《식품공전》의 아이스크림 정의와 맞아떨어집니다.

아이스크림 제조기의 발명

1880년대부터 이탈리아 남부에서 미국으로 이주한 이탈리아 사람들은 뉴욕의 맨해튼 남부에 '리틀 이탈리아(Little Italy)'라는 집단 거주지를 만들었습니다. 이들 중 생계를 위해 여름이면 길거리에서 값싼 '밀크 소르베토'를 파는 사람들이 있었는데, 의외로 큰 인기를 얻었습니다. 특히 한창 무더운 7월 4일 미국의 독립기념일 축제 때에는 밀크 소르베토를 찾는 사람들이 많아서 축제 음식으로 자리를 잡았습니다. 밀크 소르베토는 미국에서 아이스크림의 원조가 되었습니다.

하지만 아이스크림을 만드는 일은 품이 많이 드는 고된 노동이었습니다. 먼저 설탕과 크림, 그 밖의 향미료를 용기에 담은 뒤 이 용기를 소금과 얼음을 채운 통에 담급니다. 그런 다음 크림 혼합물을 위아래로 흔들면서 계속 저어줍니다. 이때 용기 벽에 묻은 크림을 쓱쓱 긁어내면서 저어야 합니다. 이 작업을 몇 시간 동안 쉬지 않고 계속해야 용기의 내용물이 아이스크림으로 변합니다.

차갑고 달콤한 아이스크림이지만, 이렇게 힘든 노동과 오랜 시간이 걸려서는 많은 사람에게 그 맛을 제공할 수 없는 문제점이 있었습니다. 그러자 아이스크림을 좀 더 쉽게 만들 수 없을까를 고민하는 사람이 생겨났습니다. 여성 발명가 낸시 존슨(Nancy Maria Donaldson Johnson, 1794~1890)이 그중 대표적인 인물입니다. 그녀가 1843년 9월 9일 미국 정부로부터 특허를 얻은 기계가

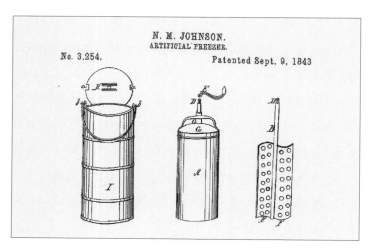

N. M. JOHNSON.
ARTIFICIAL FREEZER.

No. 3.254.

Patented Sept. 9, 1843

존슨의 특허 신청서에 실린 '인공 냉동기' 그림.

'인공 냉동기(artificial freezer)'였습니다.

존슨의 인공 냉동기 핵심 기술은 '핸드 크랭크(hand crank)'입니다. 사람이 쉬지 않고 크림을 긁어내야 했던 작업을 크랭크에 달린 손잡이로 몇 번 돌려주기만 하면 되었습니다. 그림에서 보듯 통 속 크랭크 양쪽에 얼음 알갱이와 소금과 크림 혼합물을 넣습니다. 그리고 뚜껑을 닫은 다음 크랭크와 연결된 손잡이를 빠르게 돌립니다. 이때 얼음이 냉동기 표면에 계속 부딪치면서 액체의 온도는 영하 이하로 떨어져서 지금의 아이스크림처럼 부드럽지 않지만 고체 상태의 얼음으로 변합니다. 비싼 소금을 조금만 넣어도 고체 상태의 얼음이 만들어지기 때문에 존슨은 이 간단한 기계를 '인공 냉동기'라고 불렀습니다.

　존슨의 인공 냉동기는 이어서 다른 발명가에 의해 개량되어 좀 더 효과적인 아이스크림 기계로 거듭났습니다. 아이스크림 제조기가 발명되기 전에는 아이스크림을 제과업자들이 제과점에서 직접 만들어 팔았습니다. 아이스크림 기계의 거듭된 진화와 소비자들의 폭발적인 수요에 힘입어, 19세기 말이 되면 미국의 아이스크림 업자들은 좀 더 정교한 아이스크림 제조기를 공장에 설치하여 대량생산 체제를 갖추게 됩니다.

인공 얼음의 탄생

그런데 문제는 천연 얼음의 확보였습니다. 당시 뉴욕의 허드슨강은 겨울이면 꽁꽁 얼었습니다. 이 얼음을 캐서 제빙 공장에서 전기를 가동해 녹지 않도록 보관했다가 한여름에 아이스크림을 만들었습니다. 하지만 대량생산이 가능한 아이스크림 제조기가 보급되던 시기에 산업혁명이 불러온 환경오염의 조짐이 뉴욕의 허드슨강에도 나타났습니다. 허드슨강의 오염으로 더는 먹을 수 있는 얼음을 얻을 수 없었습니다. 그러자 제조업자들은 미국 동북부의 뉴잉글랜드에서 얼음을 공수해왔지만, 아이스크림 제조기에서 생산된 맛있는 아이스크림에 반한 소비자들의 높은 수요를 충족시키기에는 역부족이었습니다.

천연 얼음이 부족하자, 발명가들은 '인공 얼음'을 만들 생각을 합니다. 독일의 과학자 카를 폰 린데(Carl Paul Gottfried von Linde, 1842~1934)는 1871년 산업용 냉장 시스템을 개발하는 데 큰 진전을 이뤘습니다. 사실 린데가 발명한 산업용 냉장 시스템에 주목한 사람은 유럽의 맥주 양조업자들이었습니다. 그들은 이 시스템을 도입하여 시원한 맥주를 만들어냈습니다. 하지만 미국의 아이스크림 업자들은 여전히 북미의 북쪽 지역에서 천연 얼음을 공수해 와서 아이스크림을 만들었으므로 린데의 기술에 주목하지 않았습니다. 그런데 1920년대에 이르러 멀리서 가져오는 천연 얼음만으로는 아이스크림의 수요를 충당할 수가 없었습니다. 결국 미국의 아이스크림 제조업자들도 린데의 냉동 기술을 도입할 수밖에 없었습니다.

냉동 기술의 도입으로 아이스크림은 천연 얼음과 작별하고 '인공 얼음'의 시대를 맞이하게 되었습니다. 이로써 미국에서는 공장제 아이스크림의 시대가 열렸습니다. 본격적인 아이스크림의 역사는 존슨의 '인공 냉동기'에서 시작하여 끊임없이 개선된 아이스크림 제조기와 천연 얼음에서 인공 얼음으로의 기술적 변환이 만들어낸 것입니다. 따라서 아이스크림의 역사를 살필 때는 '아이스크림 제조기 + 인공 얼음 + 밀크'의 결합에서부터 시작하는 것이 옳습니다.

1920년대 서울의 길거리 아이스크림 장수

1920년대 식민지 도시 서울에도 아이스크림이 등장했습니다. 1927년 6월 22일자 《동아일보》 3면에는 '좋은 아이스크림 만드는 법'이란 기사가 실렸습니다. 이 기사를 한번 소리 내어 읽으면서 당시 아이스크림 제조법을 알아보겠습니다.

깨끗한 그릇에다가 계란 노른자와 설탕을 같이 넣고 잘 섞어서 크림 빛이 되거든 그 가운데 끓인 우유를 조금씩 넣어가면서 잘 섞습니다. 그리하여 우유를 다 넣거든 그것을 강한 불(火)에 놓지 말고 약한 불에 걸어놓고 잘 젓습니다. 계란 노른자가 굳어지지 않을 만한 정도로 끓여 진하게 되거든 불에서 내려 체에다 밭쳐서 그대로 얼음에다가 채워놓습니다. 아주 차디차게 되거든 바닐라 에센스를 넣고 아이스크림 기계에 넣고 얼음과 소금을 채우고 돌려서 굳게 합니다.

이 아이스크림 제조법에서는 '아이스크림 기계'라고만 했지, 구체적인 구조를 설명하지 않습니다. 아마도 존슨이 발명한 '인공 냉동기'의 원리가 적용된 아이스크림 기계로 여겨집니다. 이 기사보다 앞서서 1926년 6월 22일자 《동아일보》 2면에 실린 사진은 당시 아이스크림 장수가 가지고 다녔던 도구들을 잘 보여줍니다. 당시 아이스크림 장수는 긴 막대기 한쪽에는 원통을, 다른 한쪽에는 직사각형의 통을 매단 채 어깨에 메고 다녔습니다. 사진의 왼쪽 원통은 존슨의 '인공 냉동기'와 닮은 아이스크림 제조기이고, 오른쪽의 직사각형 통에는 아이스크림 재료를 넣었을 것으로 여겨집니다. 아이스크림 장수는 손님으로부터 주문을 받으면 이 통 두 개를 바닥에 내려놓고 직사각형 통에 들어 있는 재료와 냄비와 화로를 꺼냅니다. 그리고 작업을 하여 바닐라 향이 나는 아이스크림을 완성합니다.

그렇다면 아이스크림을 처음 맛본 당시 서울 사람들의 반응은 어떠했을까요? 1930년

1926년 6월 22일자 《동아일보》 2면에 실린 아이스크림 장수의 모습. 원통은 아이스크림 제조기이고, 직사각형 통에는 아이스크림 재료가 들어 있었을 것으로 보인다.

6월 8일자 《매일신보》 2면에는 '여름의 여왕, 애인의 키스보다 한층 더 그리운 여름 하늘 더운 날, 아이스크림 맛'이라는 글이 실렸습니다. "혀끝을 녹이는 맛이 애인의 '키쓰'도 비할 바가 못" 된다고 너스레를 떱니다. 지금이야 아이스크림이 지천에 깔렸으니 그 맛에 감동하지 않겠지만, 당시에는 어디서도 맛보기 어려웠던 아이스크림 맛이라 허풍을 떨어서라도 지면으로 그 맛을 설

명했을 것입니다.

하지만 달콤한 아이스크림 맛과 달리 아이스크림 장수의 노동 강도는 엄청났던 모양입니다. 아이스크림 기계의 크랭크를 손으로 돌리는 일도 만만치 않았을 테고, 아이스크림 하나 팔아서 큰 이익이 나지도 않았을 것입니다. 또한 당시 아이스크림 장수 중에는 먹으면 배탈이 나는 얼음을 사용하여 이문(利文)을 좀 더 남기려는 사람도 있었습니다. 결국 조선총독부에서는 아이스크림 장사를 하려면 경찰서에서 '행상증'을 발급 받도록 했습니다. 날씨도 도와주지 않으면 하루 장사를 날릴 수밖에 없었습니다. 1925년 7월 4일자 《시대일보》 2면에 실린 기사는 비가 오면 아이스크림 장수는 '비 맞은 종이 인형 신세'가 된다고 안타까움을 드러냈습니다.

아이스케키가 아이스크림이 되다

1940년대 초반에 '아이스케키'라는 빙과류도 서울에서 판매되었습니다. 이 '아이스케키'는 정확하게 말하면 '아이스바(ice bar)'입니다. 밀크가 들어가야 아이스크림인데, '아이스케키'는 설탕과 향료를 녹인 물을 직사각형 틀에 넣고 작은 나무 막대를 꽂아 얼린 것이기 때문입니다. '아이스케키'의 이름은 '아이스케이크(ice cake)'의 일본 발음에서 왔다는 주장도 있습니다. 1937년 중일전쟁과 1941년 태평양전쟁으로 설탕과 향료의 공급이 원활하지 못하자 '아이스케키'도 귀한 존재가 되었습니다.

한국전쟁 이후 서울을 비롯한 도시에는 아이스케키를 판매하는 가게가 부쩍 늘었습니다. 당시 아이스케키는 노란 설탕을 탄 물에 팥을 넣어 나무 막대를 꽂아 암모니아로 얼린 얼음덩어리였습니다. 아직 아이스크림으로 변신하지 않았던 것입니다. 당시만 해도 밀크는 미국을 비롯한 선진국에서 배를 곯는 아이들을 위해 제공한 가루로 된 분유뿐이었으니, 어떻게 밀크를 넣은 아이스크림이 있었겠습니까?

1950년대 서울에서 판매되던 아이스케키 이름 중에는 '석빙고'와 '앙꼬'가 있었습니다. '석빙고'는 조선시대 얼음을 보관했던 창고입니다. '앙꼬'는 일본어 '앙코(餡子, あんこ)'에서 온 말입니다. 우리말로 하면 팥을 넣었다고 하여 '팥소'라고 불러야 합니다만, 식민지의 영향이 남아 사람들은 그렇게 불렀습니다. 당시 가난한 가정의 소년들은 아이스케키를 담은 나무통을 어깨에 메고 "아이스케키"를 외치며 골목을 누볐습니다. 아이스케키는 조그만 가게에서 만들어졌는데, 그 재료인 물이나 팥이 위생적이지 않아 배탈이나 식중독을 일으켜 자주 사회적 문제가 되곤 했습니다.

1962년 현대적인 공장에서 밀크를 넣어 만든 '하드 아이스크림'이 나오면서 '아이스케키'는 드디어 아이스크림의 자리에 오

1978년 11월 1일자《경향신문》에 실린 한 대형 제과업체의 아이스크림콘 광고.

르게 됩니다. 불량 식품 아이스케키의 문제도 자연히 해결되었습니다. 이 공장제 아이스바는 미국에서 수입한 아이스크림 기계로 만들어졌습니다. 아이스바 60개가 들어가는 상자에는 드라이아이스를 넣었으므로 유통과정에서 녹을 위험도 거의 없었습니다. 사람들은 이것을 '아이스케키' 대신 '하드'라고 불렀습니다.

1970년대가 되자 대형 제과업체들은 아이스크림 사업에 뛰어들었습니다. 덴마크에서 아이스크림 기계를 수입한 한 대형 제과업체는 아이스바와 아이스크림콘을 대량으로 생산하여 시장에 내놓았습니다. 특히 당시 가정마다 갖추기 시작한 텔레비전과 라디오에 아이스크림 광고를 내보냈습니다. 이 광고는 한국에서 아이스크림의 대중화에 한몫했습니다. 지금도 판매되는 아이스크림 대부분은 1970년대에 시장에 나온 제품입니다. 따라서 1970년대는 한국 아이스크림의 역사에서 기업형 브랜드 아이스크림이 등장한 시기이자 외국에는 없는 한국형 아이스크림 제품이 등장한 때이기도 합니다.

음식의 범주를 한정하라

요사이 아이스크림에는 다양한 맛을 내는 가공 식재료들과 단맛을 강하게 해주는 당밀, 심지어 값싼 제품에는 점성을 높여 상온에서도 아이스크림처럼 보이도록 해주는 '증점제(gélifiant, 겔화제 혹은 응고겔화제. 식품의 질감을 개선하는 첨가물의 하나로 식품에 농도와 젤리의 형태를 제공합니다)'라는 식품첨가물도 들어갑니다. 설탕, 유지, 소금, 항산화제, 안정제 등을 혼합하여 산업적으로 제조하는 식품을 '초가공식품(ultra-processed food)'이라고 부릅니다. 본래 '밀크+얼음'의 축산물 범주에 속했던 아이스크림은 최소가공식품이었지만, 오늘날 시중에서 판매되는 싼값의 아이스크림은 초가공식품이 되었습니다.

　그런데 아이스크림의 역사를 얼음에서 시작하다 보면 축산물이면서 초가공식품인 아이스크림의 정체를 놓치고 맙니다. 얼음은 자연산이든 가공한 것이든 상관없이 물을 얼린 것입니다. 이에 비해 아이스크림은 얼음처럼 차갑지만, 그 재료는 크림, 설탕, 달걀, 그 밖의 향미료와 착색료, 증점제가 섞인 음식입니다.

아이스크림의 역사는 얼음의 역사에서부터 시작하면 안 됩니다. '밀크＋얼음'이 결합한 본격적인 아이스크림의 등장 시기부터 살펴야 옳습니다. 아이스크림은 축산물로 분류된다는 음식의 범주가 아이스크림의 역사를 어디서부터 따져야 할지 알려준 셈입니다. 이처럼 음식의 역사 연구에서 식품과학의 지식을 아는 것은 매우 중요합니다. 연구하려는 음식에 대해 식품학에서 어떻게 정의하고 있는지를 알아야 연구 대상의 범위도 정해집니다.

음식의 역사는 역사학을 비롯한 인문학적 시각에서 연구되어야 하지만, 음식 그 자체는 물질입니다. 당연히 식품과학의 지식을 바탕으로 물질적 속성을 이해해야 제대로 음식의 역사를 설명할 수 있습니다. 아이스크림의 역사를 얼음의 식용 역사에서 시작하면 안 되는 이유가 바로 이 때문입니다.

막걸리는 발명한 음식, 발견한 음식?

knowhow 3
제조 과정의 핵심을 정리하라

세 번째 음식 공부는 음식의 기원을 파악하는 것입니다. 음식의 기원을 파악하기 위해 저는 특정 음식이 발명한 것인지, 발견한 것인지 따져봅니다. 발견(discovery)과 발명(invention)은 문화인류학 개론서에서 문화의 변화와 전파를 설명할 때 반드시 다루는 개념입니다. 식품학 사전이나 개론서에는 음식의 제조 과정이 매우 상세하게 적혀 있습니다. 이 중 제조 과정의 핵심만 정리합니다. 특정 음식이 만들어지는 최소한의 조건을 파악할 수 있기 때문입니다. 이때 주의할 점은 맛보다는 제조 원리를 이해하는 것입니다. 여기에 덧붙여 식품학 사전이나 개론서보다 내용은 간단하면서도 핵심만 언급하고 있는 백과사전을 살펴보는 것도 좋습니다. 음식 제조 과정의 핵심을 정리했으면, 음식을 직접 만들어보는 것도 요리법이나 제조법의 핵심을 찾는 데 도움이 됩니다. 저는 일찍이 석사과정 때부터 음식의 발견과 발명을 구분하려고 여러 가지 음식의 제조법을 정리했습니다. 그리고 발견된 음식과 발명된 음식의 분포도를 세계지도에 그렸습니다. 그 과정에서 와인은 발견한 음식이고, 막걸리는 발명한 음식임을 깨닫게 되었습니다.

한국 문화를 집대성한 백과사전인 《한국민족문화대백과사전》에서는 막걸리를 "청주를 떠내지 않고 그대로 걸러낸 술"이라고 정의합니다. 막걸리라는 이름처럼 "막 거른 술"입니다. 막걸리의 또 다른 이름은 '탁주(濁酒)'입니다. 술의 색이 맑지 않고 탁하다고 하여 붙여진 것입니다. 탁주를 '탁배기'라고도 부릅니다. 막걸리를 담근 후 술독에 '용수'라는 도구를 넣어두면 술의 윗부분이 맑아집니다. 용수는 가늘게 쪼갠 대나무, 싸리나무, 버드나무 가지, 칡덩굴의 속대, 짚 등으로 촘촘하게 엮어서 만든 둥글고 깊은 원통형 바구니입니다. 용수를 박아 맑은 윗부분의 술을 '맑은 술' 혹은 '청주'라고 부릅니다. 따라서 막걸리는 맑은 술, 곧 청주를 떠내지 않은 술입니다.

막걸리는 어떻게 만들어질까요? 《두산백과》에서는 "찹쌀·멥쌀·보리·밀가루 등을 쪄서 누룩과 물을 섞어 발효시킨"다고 정의합니다. 막걸리의 주재료로 찹쌀과 멥쌀, 보리, 밀과 같은 곡물을 사용한다는 말입니다. 이 밖에도 조, 수수, 메밀로도 막걸리를

막걸리를 담근 후 용수를 이용해 청주를 분리할 수 있다.
오른쪽의 원통형 바구니가 용수이다.

만들 수 있습니다. 다만 이 곡물들을 쪄서 물을 붓는다고 막걸리
가 만들어지는 것은 아닙니다. 앞에서 말했듯이 반드시 '누룩'이
필요합니다.

'누룩'이란 말을 사전에서 검색해보겠습니다. 국어사전에 따
르면 누룩이란 "술을 빚는 데 쓰는 발효제"입니다. 사실 '누룩'은
술을 빚는 데 쓰는 발효제뿐 아니라, 간장을 만들 때 넣는 발효제
를 가리키기도 합니다. 간장을 만드는 데 필요한 발효제 누룩, 곧
메주는 황색의 큰 콩인 대두(大豆)로 만듭니다. 하지만 곡물을 술
로 바꾸는 데 필요한 누룩은 밀이나 보리, 귀리 등을 거칠게 빻은
다음 가루는 체로 쳐내고 남은 속껍질인 '기울'로 만듭니다.

조선 후기 누룩 만들기

그렇다면 누룩은 어떻게 만들까요? 조선 후기 영조 때 왕실의 의사였던 유중림(柳重臨, 1705~1771)이 편찬한 《증보산림경제(增補山林經濟)》(1766)에는 보리나 밀로 누룩 만드는 방법이 나옵니다. 그중 봄보리와 가을보리로 만든 누룩으로 술을 빚으면 술맛이 진하지 않다고 했습니다. 그러니 밀로 누룩을 만들면 술맛이 좋다는 것입니다. 유중림은 민간에서 하던 방법이라면서, 다음과 같은 누룩 제조법을 적어놓았습니다.

> 누룩 틀 안에 베 보자기를 펴고 보자기 안에 아주까리 잎을 깐다. 여기에 반죽한 밀기울을 재워 넣는다. 다시 그 위에 아주까리 잎을 깔고 보자기를 덮는다. 그리고 발로 단단히 밟는다. 이때 누룩의 가운데가 약간 오목(凹)한 모양이 되도록 밟아야 한다. 그렇게 하지 않으면 가운데가 두터워 습기가 모여서 검게 썩을 수 있다. 개사철쑥(국화과의 풀)을 대청마루에서 바람기 없는 건조한 곳에 깔고, 틀에서 꺼낸 누룩을 그 위에 올려놓은 다음 다시 개사철쑥으로 덮는다. 이 위에 다시 대바구니로 덮어둔다. 5, 6일쯤 덮어두고 누룩 위에 누런 곰팡이가 피면 기둥에 매달아 둔다.

보통 누룩 틀은 나무로 우물 정(井) 자 모양으로 만듭니다. 위아래가 트여 있으므로 누룩 틀 안에 베 보자기를 펴고 그 위에 밀

경상북도 무형문화재 제12호 안동소주 기능보유자이자
전통식품명인인 조옥화 씨의 누룩 만드는 모습.

기울을 재워야 합니다. 이 밀기울을 누룩 틀 안에 다져넣은 다음
발로 밟는데, 가운데를 오목하게 해야 곰팡이가 모이기 좋다는
사실을 유중림도 잘 알고 있었습니다. 단단하게 밟은 누룩을 틀
에서 꺼내면 누룩 성형이 완성됩니다. 이것을 건조한 곳에 잘 두
어야 좋은 곰팡이가 붙어 좋은 품질의 누룩이 됩니다.

　이렇게 누룩을 만들었으면, 막걸리를 만들 차례입니다. 사실
조선시대 요리책이나 술 만드는 법을 적어놓은 책에는 막걸리 만
드는 법이 거의 나오지 않습니다. 그만큼 누구나 쉽게 제조할 수
있다고 보았던 것입니다. 어쩔 수 없이 1924년에 근대적 인쇄술

로 초판이 출간된 요리책 《조선무쌍신식요리제법(朝鮮無雙新式料理製法)》을 볼 수밖에 없습니다. 이 책의 서술 방식은 지금의 요리책과 다릅니다. 마치 앞사람에게 이야기하듯이 요리법을 적었습니다. 그래서 저는 여러분이 아래의 요리법을 소리 내어 여러 번 읽기를 권합니다.

보통 막걸리는 하등 쌀이나 싸라기(부스러진 쌀알) 한 말가량을 절구에 찧어 굵은 체에 쳐서 (알갱이를 솥에) 쪄내어 식힌 후에 보통 쓰는 누룩 넉 장가량을 찧어 섞되 여름에는 반장쯤 더 넣나니. 물은 맑은 술보다 더 붓고 덮어두면 겨울에는 열흘 동안이요 여름에는 이레 동안이면(지나면) 거르는데 술맛을 보아가며 물을 치나니라.

어떻습니까? 이 요리법에서도 막걸리가 고급술이 아님을 알 수 있습니다. 하등 쌀이나 싸라기를 사용한다고 했으니 말입니다. 가루를 내는 것도 아니고 알갱이를 대충 찧어서 굵은 체에 걸러 밥을 짓습니다. 식힌 밥에 찧은 누룩을 섞습니다. 이것을 항아리에 넣고 물을 붓습니다. 겨울에는 10일, 여름에는 7일 후에 막걸리를 거릅니다. 또 이런 말도 덧붙였습니다. "물을 적게 하면 독하니 짐작할 것이요 물이 좋아야 술맛이 최고품이 되느니라." 물의 양으로 막걸리의 농도를 맞추라는 말입니다.

발견된 음식, '당분 술'

여기서 질문을 하나 던집니다. 다른 나라에도 막걸리와 비슷한 술이 있을까요? 이 질문의 답을 찾으려면 13세기 증류 기술, 곧 소주나 보드카 같은 증류주가 보급되기 전에 세계 곳곳에 어떤 종류의 술이 있었는지 살펴보아야 합니다.

보통 술은 '전분 술'과 '당분 술'로 나뉩니다. 사실 술은 당분이 변한 것입니다. 만약 주재료 자체가 당분을 함유하고 있다면 술 재료로 그것만큼 좋은 게 없겠지요. 꿀에 물을 섞어 발효시켜 만든 영국의 미드(mead), 포도 과실주인 와인(wine), 야자나무의 수액으로 만든 야자술, 용설란과 북아메리카의 백합목 용설란과의 상록관목인 유카(yucca)의 수액으로 만든 풀케(pulque), 말이나 낙타 따위의 젖으로 만든 쿠미스(kumys)와 아이락(airag) 등이 원료 자체에 당분이 포함된 '당분 술'입니다.

이 중 와인은 지중해 연안의 유럽과 서아시아를 넘어서 전 세계에서 많이 소비되는 술입니다. "와인은 원숭이도 만들 줄 안다"라는 말이 있습니다. 아주 먼 옛날 원숭이 한 마리가 잘 익은 야생 포도송이를 따서 자기 구역 안에 있는 바위 위에서 먹으면서 놀았습니다. 그 원숭이는 포도 몇 알을 씹다가 바위 위에 떨어뜨렸습니다. 다른 곳에서 한참 놀다가 바위로 돌아온 원숭이는 갈증을 느껴 바위틈에 있는 물을 핥아 먹었습니다. 그런데 기분이 좋아졌습니다. 먹다가 떨어뜨린 포도의 즙이 저절로 당화

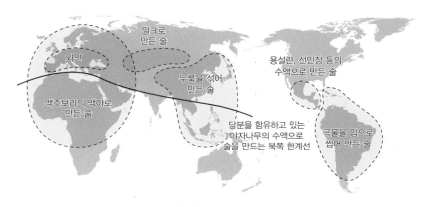

이시게 나오미치가 분류한 것으로,
증류주 보급 이전 세계 곳곳에서 즐기던 술의 종류를 보여준다.

되어 술로 변했던 것입니다. 포도 껍질 속에는 타닌(tannin)과 향기 성분, 그리고 발효를 일으키는 효모가 들어 있습니다. 이 효모가 자연발효를 일으켜 저절로 와인이 된 것입니다.

'당분 술'은 이렇듯 와인처럼 우연히 만들어졌습니다. 사람들이 알코올이 함유된 당분 술을 여러 차례 반복하여 발견하자 점차 계획을 세워 만드는 제조법을 알게 됩니다. 저는 이러한 과정에서 생겨난 음식을 '발견된 음식(discovered food)'이라고 부릅니다. 인류의 역사에서 대표적인 발견된 음식이 바로 '당분 술'입니다. 이 발견된 음식은 지구촌 곳곳에 존재합니다. 발견된 음식은 결코 중심에서 주변으로 전파된 것이 아닙니다.

일본의 문화인류학자 이시게 나오미치(石毛直道, 1937~)가 증류주 보급 이전에 세계 곳곳에 분포했던 술을 표시한 지도를 보면 '발견된 음식'이 중심에서 주변으로 전파되지 않았음을 확인할 수 있습니다. 유럽의 미드와 와인, 아프리카와 인도·동남아시아의 야자술, 멕시코와 라틴아메리카의 풀케, 몽골과 시베리아·중앙아시아의 밀크 술 등 '당분 술'은 구대륙과 신대륙을 가리지 않고 존재했습니다.

발명된 음식, '전분 술'

'발견된 음식'도 있지만, '발명된 음식(invented food)'도 있습니다. 곡물류나 전분을 함유한 식물을 주원료로 만든 '전분 술'은 막걸리의 누룩 같은 발효제가 들어가야 합니다. 전분에는 당분이 거의 들어 있지 않기 때문입니다.

유럽에서 발명된 맥주의 주재료는 '맥주보리'라는 곡물입니다. 우리가 먹는 보리밥의 쌀보리보다 껍질이 떨어지지 않는 겉보리의 '두줄보리'가 맥주를 가장 잘 만들 수 있는 재료입니다. 이 보리를 '맥주보리'라고도 부릅니다. 이 두줄보리는 주로 유럽에서 재배되었습니다. 서유럽은 습도가 높지 않아 곰팡이보다는 맥주보리로 맥아, 곧 엿기름을 만들어 이것으로 맥주보리 전분을 당화해서 발효를 거쳐 맥주를 만듭니다. 여기에 삼과 식물인 홉(hop)의 꽃봉오리를 넣어 쓴맛과 향기를 더해주면 우리가 익히 아는 맥주 맛이 만들어집니다. 맥주보리 자체에 당분이 함유되어 있지만, 이것으로 맥아를 만드는 것은 바로 '발명'의 과정인 셈입니다.

중부와 남부 아메리카 일부 지역에서 만들었던 '치차(chicha)'라는 술도 맥주와 비슷한 방법으로 만듭니다. 주재료인 옥수수에서 맥아당을 추출하여 옥수수 전분을 당화해서 발효 과정을 거쳐 치차를 완성합니다. 유럽인과의 교류 이후 그들은 '치차'를 '옥수수 맥주'라고 불렀습니다.

쌀을 주식으로 먹는 동아시아와 동남아시아 지역에서는 쌀로 술을 만들었습니다. 쌀 역시 당분이 거의 없습니다. 누룩을 발명하기 이전만 해도 생쌀이나 익힌 쌀을 사람이 입으로 씹은 뒤 뱉어내서 모은 것을 발효시켜 술을 만들었습니다. 침 속에 들어 있는 아밀라아제(amylase)라는 효소가 전분을 가수분해하여 당분으로 바꾸어주었던 것입니다. 곡물의 낟알을 씹는 일은 주로 여자아이들이 했다고 합니다. 당시 사람들은 여자아이가 오염되지 않고 순결하다고 여겼던 것이지요. 조선 중기의 학자 이수광(李睟光, 1563~1628)은 자신의 책 《지봉유설(芝峯類說)》에 이렇게 만든 술의 이름을 '미인주'라고 적었습니다.

막걸리는 전분 술에 속합니다. 따라서 크게 보면 맥주나 치차는 막걸리와 닮은 술이라고 할 수 있습니다. 다만 맥주나 치차와 달리 막걸리를 만드는 데는 반드시 누룩이 필요하다는 점이 다릅니다.

누룩의 발명

쌀이나 수수, 조, 보리로 술을 빚으려면 반드시 누룩이 필요합니다. 앞에서도 소개했듯이, 누룩은 곡물의 가루를 쳐내고 남은 속 껍질인 기울을 반죽하여 공기 속의 좋은 곰팡이가 붙도록 하여 만듭니다. 누룩을 밥과 섞어서 두면 가수분해가 일어납니다. 여기에 물을 붓고 발효시키면 술이 만들어집니다. 이 누룩은 자연 상태에서 발견될 가능성은 거의 없습니다. 누군가가 발명을 한 것입니다.

누룩을 누가 발명했는지를 두고 고대 중국에서부터 설왕설래했습니다. 누룩을 만든 사람은 의적(儀狄)이다, 두강(杜康)이다, 소강(小康)이다 등 중국의 고문헌마다 다릅니다. 이 중 누가 누룩의 발명자인지 지금까지도 의견이 분분합니다. 다만 초기 문명의 발상지인 고대 중국에서 누룩이 발명되었을 가능성이 큽니다. 중국의 누룩 제조법이 한반도에 소개되었고, 한반도에서 다시 일본 열도로 전파되었을 것으로 추정됩니다. 하지만 동아시아 곳곳의 누룩과 술 빚는 방법, 즐겨 마셨던 술의 종류와 맛은 서로 약간씩 차이를 보입니다. 지역마다 재배되는 곡물도, 물맛도 달랐기 때문에 선호하는 술맛도 달랐습니다.

조선시대 누룩으로 빚은 곡물 술은 제조법에 따라 단양주(單釀酒), 이양주(二釀酒), 삼양주(三釀酒) 등으로 구분했습니다. 단양주는 한 번만 발효시킨 술입니다. 막걸리가 바로 단양주입니다. 막걸리는 누룩으로 인해 텁텁하면서 거친 맛이 납니다. 이양주는 단양주를 빚어 며칠 발효시킨 다음 여기에 다시 곡물과 누룩, 물을 첨가한 술입니다. 조선시대 요리책에 나오는 맑은 술인 청주 대부분은 이양주입니다. 이양주는 진한 단맛이 특징입니다.

이양주에 다시 곡물과 누룩, 물을 섞어 발효시킨 술이 삼양주입니다. 삼양주는 색이 매우 맑고 맛도 진하면서 달지 않고 깊은 향을 지니고 있습니다. 그래서 왕실이나 서울의 부유층에서 즐겨 마셨던 최고급 청주가 바로 삼양주 제조법으로 빚은 '삼해주(三亥酒)'였습니다.

이양주나 삼양주의 청주를 증류하면 소주가 됩니다. 곡물과 누룩의 양이 가장 적게 들어가는 술이 단양주인 막걸리입니다. 이에 비해 삼양주에 들어가는 곡물과 누룩의 양은 단양주의 두세 배에 가깝습니다. 이렇게 빚은 이양주나 삼양주를 증류해 만든 소주는 들어간 곡물과 누룩의 양에 비해 술의 양은 매우 적습니다.

불행하게도 20세기 중반까지도 막걸리, 청주, 소주의 주재료는 멥쌀이었습니다. 그래서 조선시대 많은 왕이 서울의 사대부 가정과 고위 관리에게 술을 담그지도 마시지도 말라는 '금주령(禁酒令)'을 자주 내렸습니다. 조금이라도 곡식을 아끼기 위해서였죠. 하지만 '금주령'이 제대로 시행된 적은 별로 없었습니다. 흉년이 들어 백성들은 먹을 곡식이 부족해 아우성을 쳤지만, 부자나 고위 관리 들은 사람들의 눈을 피해 몰래 술을 빚어 마셨습니다. 그러다가 발각되면 조상 제사에 올리려고 빚은 술이라고 핑계를 댔습니다.

사실 막걸리는 금주령의 대상이 아니었습니다. 사용되는 곡물의 양이 청주나 소주보다 훨씬 적은 데다 막걸리는 끼니가 되는 술이었기 때문입니다. 그래서 막걸리를 두고 '농주', 곧 '농민의 술'이라고도 불렀습니다. 특히 벼농사를 많이 지었던 지금의 남한 지역에서 일반 서민들에게 '술'은 바로 막걸리였습니다. 식민지기에도 서울을 비롯한 남한의 중상류층 사람들은 청주를, 서민들은 막걸리를 주로 마셨습니다. 이에 비해 북한 지역에서는 쌀 생산량이 적어서 수수나 조로 빚은 밑술을 증류한 소주가 대표적인 술이었습니다.

밀 막걸리로 인해 사라진 재래식 누룩

식민지기에는 조선총독부와 일본인 농장주들의 쌀 수탈이 극심했던 터라 쌀이 부족하여 막걸리를 제대로 빚을 수가 없었습니다. 앞에서 소개했던 《조선무쌍신식요리제법》에서 질이 떨어지는 쌀이나 싸라기로 막걸리를 담으라고 한 것도 이 때문입니다. 식량 부족은 해방 이후 미군정기와 대한민국 정부 수립 이후에도 해결되지 않았습니다. 정부에서는 1948년 10월 9일 '양곡관리법'이란 법률을 제정하여 쌀을 비롯한 곡물의 수급과 유통 가격을 관리하려 했습니다. 하지만 정부의 행정력이 약하여 '양곡관리법'은 실제로 실행되지 않았습니다.

1962년에는 벼농사가 큰 흉작이었습니다. 쿠데타로 정권을 잡은 박정희 군사정부는 이를 해결하기 위한 방안으로 미국으로부터 밀을 대량으로 들여오려고 했으나 불발에 그치자, 1963년 3월 1일부터 같은 해 12월 31일까지 '탁주 제조자에 대한 원료 미곡의 사용 금지 조치'를 내렸습니다. 이 조치는 주식인 쌀밥을 짓는 재료인 멥쌀을 아끼려는 목적에서 나왔지만, 국민의 지지를 받지 못했습니다. 막걸리 생산업자들의 저항도 만만치 않았습니다. 결국 정부는 1965년 3월 규제를 약간 완화한 행정 조치를 발표했습니다. 막걸리 제조에 멥쌀 20퍼센트 이하, 잡곡 60퍼센트 이상, 고구마 전분 20퍼센트 이상을 사용하도록 한 것이었습니다.

하지만 막걸리 제조에 멥쌀 사용을 제한해야 국민들이 밥을 굶지 않는다고 굳게 믿고 있던 정부의 인내심은 오래가지 못했습니다. 1966년 8월, 정부는 막걸리 제조에 멥쌀을 한 톨도 사용하지 못하도록 규정한 법령을 발포했습니다. 멥쌀 대신 미국에서 무상으로 들여온 밀로만 막걸리를 만들도록 강제했습니다. '100퍼센트 밀 막걸리'가 이때 탄생했습니다.

밀 막걸리의 탄생은 막걸리 제조 방식에도 큰 변화를 가져왔습니다. 본래 전국의 막걸리 양조장에서는 자체적으로 제조한 재래식 누룩을 사용했습니다. 밀 막걸리를 만들어야 했던 1966년부터 일본 누룩인 코우지(麴)와 비슷한 아스페르길루스균 (aspergillus shirousamii)을 사용하여 밀의 전분을 당화했습니다. 막걸리 제조업자 대부분은 재래식 누룩을 사용하지 않아 처음에는 매우 낯설어했습니다. 하지만 간단하게 막걸리를 만들 수 있다는 사실을 알고는 놀랐습니다. 멥쌀 막걸리를 제조하는 데는 대략 120시간이 걸립니다. 하지만 재래식 누룩 대신 아스페르길루스균을 사용하여 밀 막걸리를 만드는 데는 70시간이면 충분했습니다. 거의 공짜인 밀에 제조 시간도 단축되어 제조 원가가 엄청나게 낮아져서 이익을 많이 내게 되었습니다.

밀 막걸리는 멥쌀 막걸리에서 맛보기 어려웠던 단맛이 납니다. 막걸리 제조업자들은 이 단맛을 유지하려고 완전히 발효되지 않은 밀 막걸리를 유통시켰습니다. 그런데 의외의 일이 일어났습니다. 완전히 발효되지 않은 상태였던 밀 막걸리가 유통 과정에서 발효되면서 탄산이 생긴 것입니다. 멥쌀 막걸리의 텁텁한 맛에 익숙했던 막걸리 주당들도 탄산의 톡 쏘는 맛이 나는 밀 막걸리에 반해버렸습니다.

1975년 한국은 통일벼 재배를 통해 역사상 최고의 쌀 수확량을 기록했습니다. 정부는 1977년 12월 15일, 막걸리 제조에 멥쌀 사용을 금지했던 행정 조치를 폐지합니다. 거의 10년 만에 멥쌀 막걸리가 시중에 나오게 되었습니다. 그런데 부활한 멥쌀 막걸리에서 탄산의 톡 쏘는 맛이 없자, 주당들은 막걸리에 사이다를 섞어 그 맛을 재현했습니다. 지금도 탄산을 넣은 멥쌀 막걸리가 시중에서 많이 유통되고 있습니다.

제조 과정의 핵심을 정리하라

세계적인 문명 탐구학자 재러드 다이아몬드(Jared Mason Diamond, 1937~)는 종교와 언어, 그리고 그 밖의 믿음과 관습은 사람의 이동을 통해 전파가 이루어진다고 보았습니다. 저는 여기에 한 가지를 더 보탭니다. 동아시아 한자문화권에서는 서적의 이동을 통해 요리법이 전파되기도 합니다. 저는 이런 경우를 '음식의 문자적 전파'라고 부릅니다. 서적의 이동에도 사람이 개입할 수밖에 없지만, 다이아몬드의 전파론에는 다수의 사람이 이동한다는 전제가 있는 반면에, 제가 주장하는 서적의 이동은 한두 사람만 있어도 가능한 일입니다. 다른 문화권의 서적이 도착한 후에 그 책을 베껴 쓰거나 다시 인쇄하면 폭발적인 전파가 해당 지역에서 일어납니다.

'발명된 음식' 대부분은 기원지에서 주변으로 전파됩니다. 하지만 '발견된 음식'은 조건만 맞아떨어지면 지구촌 곳곳에서 자연스럽게 생겨납니다. 수분을 함유한 채소에 소금물이나 식초 따위를 첨가해 '삼투압 작용'을 이용해 만든 짠지나 피클, 독일식

양배추 절임 음식인 사워크라우트(sauercraut), 일본의 쓰케모노(漬物), 중국의 파오차이(泡菜) 등은 모두 '발견된 음식'입니다. 그래서 결코 주변으로 전파되지 않습니다. 심지어 서적에 소개된 요리법이라도 전파되는 경우는 드뭅니다.

최근 세계 여러 나라에서 특정 음식의 기원지와 전파를 둘러싸고 논쟁이 잦습니다. 특정 음식이 '발견된 음식'인지, 아니면 '발명된 음식'인지를 따져보면 그런 논쟁이 불필요한 것임을 알 수 있습니다. 이것을 따지기 위해서는 제조 과정의 핵심을 정리해야 합니다. 제조 과정의 핵심을 정리하면 와인에는 누룩이 필요 없지만, 막걸리에는 누룩이 필요하다는 사실을 바로 알 수 있습니다.

오래된 요리법을 찾는 법

요즘은 조선시대 요리책에 나오는 요리법도 인터넷에서 원문과 번역문, 심지어 원문 이미지까지 찾을 수 있습니다. 제가 대학원 석사 과정 때만 해도 음식의 오래된 레시피(recipe)를 찾으려면 해당 요리책을 소장하고 있는 도서관의 고서실을 방문해야 했습니다. 하지만 대부분의 도서관 고서실에서는 원본의 손상을 우려해 보여주기를 꺼립니다. 이런 사정을 알고 있던 한국 식품사 연구의 제1세대인 이성우(李盛雨, 1928~1993) 교수는 《한국식경대전(韓國食經大典)》(향문사, 1981)과 《한국고식문헌집성(韓國古食文獻集成)》 1~7권(수학사, 1992)을 출판했습니다. 《한국식경대전》에는 한국은 물론이고 중국과 일본의 음식 관련 문헌의 서지가 정리되어 있고, 《한국고식문헌집성》 7책에는 원문이 실려 있습니다.

2007년 12월부터 특허청에서 주관하여 여러 관련 연구기

관의 연구원들이 오랫동안 공들여 작업한 '한국전통지식포탈(www.koreantk.com)'이 웹서비스를 시작하면서 오래된 레시피를 찾기가 매우 수월해졌습니다. '한국전통지식포탈' 웹사이트에 들어가서 음식 이름을 입력하면 논문, 향토음식, 전통식품, 생활기술 등으로 분류된 자료가 뜹니다.

예를 들어 '막걸리'를 검색어로 입력해봅니다. 관련 논문을 비롯해 여러 자료가 나옵니다. '전통식품'을 클릭하면 막걸리가 나오는 조선시대와 20세기의 요리책 내용이 쭉 보입니다. 표제어가 막걸리인 것도 있고, 요리법 내용 중에 막걸리가 들어간 것도 있습니다. 이 중 표제어가 막걸리인 '막걸리, 산림경제(18세기)'를 클릭합니다. 그러면 주요 내용, 원문정보, 분석정보, 발행정보 등의 하위 카테고리의 내용이 보입니다.

여기에서 원문 텍스트와 번역문은 물론이고 요리법 및 가공기술 등도 확인할 수 있어 매우 유용합니다. 다만 좀 더 엄밀한 공부를 위해서는 유의할 점이 있습니다. 웹사이트에서 제공하는 원문 텍스트의 구두점, 곧 띄어쓰기가 적절하지 않은 경우가 많습니다. 원문이 한문일 경우, 구두점 찍기는 번역할 때도 매우 중요한 작업입니다. 번역문 역시 신뢰하기 어려운 부분이 제법 있습니다. 한문을 잘 이해하는 사람과 함께 구두점을 다시 찍고 번역해보는 것이 좋습니다.

특히 이 웹사이트의 〈원문정보〉 중 '문헌명'은 참고도서의 제목을 그대로 옮긴 것이라 정확한 편이지만 예외일 때도 있습니다. 앞에서 사례로 소개한 '산림경제(18세기)'는 본래 유중림의 《증보산림경제》 편찬 이후 다른 사람들이 베껴서 옮겨 적은 책입니다. 홍만선(洪萬選, 1643~1715)이 편찬한 《산림경제(山林經濟)》와 전혀 다른 책입니다. 이 책은 《증보산림경제》와 기본적인 내용은 같지만 부분적으로 차이가 있는 '이본(異本)'입니다.

한국고전번역원에서 운영하는 '한국고전종합DB(db.itkc.or.kr)'는 조선시대 선비들의 문집 원문을 디지털화해서 원문과 번역문을 검색할 수 있는 웹사이트입니다. 여기에는 요리책이 거의 없지만, 선비들의 시와 산문 등에 실린 요리법을 찾을 수 있습니다. 특히 홍만선의 《산림경제》와 이규경(李圭景, 1788~1856)의 《오주연문장전산고(五洲衍文長箋散稿)》의 원문이 실려 있으므로 '한국전통지식포탈'과 비교하기에 좋습니다.

오래된 요리법이 소개된 고문헌의 경우 시기와 저자의 직업, 성별은 물론이고 필사본인지 인쇄본인지, 특히 목판본인지, 초판인지 재판인지, 종이의 재질과 본문의 형태는 어떠한지 등의 '형태 서지'를 파악하는 게 꼭 필요합니다. 그래야 고문헌에 실린 요리법이 실제로 역사에 존재했던 '역사적 요리법(historical recipe)'인지 확인할 수 있습니다.

4강

불고기의 기원은 평양불고기?

knowhow 4
유행 시점과 장소가 기준이다

네 번째 음식 공부는 음식의 역사를 어떻게 '시대구분'할 것인가에 관한 것입니다. 역사학은 사물이나 사실을 시간의 차원에서 고찰하는 학문입니다. 역사학자는 시간을 연대적 시간(chronological time)과 역사적 시간(historical time)으로 나눕니다. 연대적 시간이 시간의 계량적 뭉치를 기준으로 시간을 나누는 방법이라면 역사적 시간은 '변화'에 초점을 둡니다.

역사학자마다 역사의 변화를 판단하는 기준이 다릅니다. 이 판단의 기준인 '사관(史觀, view of history)'에 따라 역사적 시간을 나누는 시대구분도 달라집니다. 역사학에서의 시대구분은 얼마나 역사적 실체를 잘 묘사하고 변화의 원인을 잘 드러내느냐에 목표를 두고 있습니다. 문화인류학에서는 외부와 내부의 요인에 의해서 문화가 변동되고 시간이 흐르면 적응한다고 봅니다. 문화의 변동과 적응이 일어나는 시점은 역사학에서 시대를 구분하는 역사적 시간입니다.

저는 음식의 역사 혹은 식생활의 역사를 연대별로 나누거나 왕조별로 나누는 것에 반대합니다. 연대나 왕조가 바뀐다고 사람들이 먹고 마시는 음식이나 식생활이 바뀌는 사례가 거의 없기 때문입니다. 특정 음식의 역사를 '형성기→발전기→전성기→쇠퇴기'로 보는 시대구분법 역시 좋은 방법이라고 보지 않습니다. 이미 많은 비판을 받은 진화론적 인식이 강하게 배어 있기 때문입니다. 저는 한 음식이 언제 어디서 유행했는가를 살펴야만 역사적 실체를 잘 드러내는 음식 역사의 시대구분이 가능하다고 생각합니다.

음식 역사의 시대구분법을 여러분에게 소개하기 위해 불고기의 역사를 이야기해보려고 합니다. 제가 불고기의 역사에 관심을 가지게 된 것은 1994년 가을 베이징에서 박사과정을 시작하면서였습니다. 당시만 해도 베이징에서 한국 음식을 먹기란 쉽지 않았습니다. 한국인이 운영하는 음식점이 몇 군데 있었지만, 음식 값이 서울과 맞먹었습니다. 더욱이 베이징 사람들은 고기 하면 돼지고기였으므로 소고기를 판매하는 곳은 찾기조차 어려웠습니다.

그러던 어느 날 저는 베이징의 인사동이라고 할 류리창(琉璃廠) 서쪽 입구에서 '조선카오뤄(朝鮮烤肉)'라는 간판을 단 음식점을 발견했습니다. 그것도 세 집이나 말입니다. 저는 가족과 함께 득달같이 찾아갔습니다. 소고기임에도 불구하고 값이 무척 쌌습니다. 베이징에서 한국식 불고기를 제대로 먹으려면 우리 가족의 한 달 치 생활비를 모두 써야 했지만, '조선카오뤄' 음식점에서는 단 하루치면 충분했습니다.

베이징의 조선카오뤄

조선카오뤄는 숯불에 구운 불고기입니다. 찰흙으로 만든 화로에 숯을 담아 식탁 가운데 놓고 불을 피웁니다. 그 위에 석쇠를 올려놓고 간장, 마늘 즙, 설탕, 화학조미료 등의 양념에 재운 소고기를 굽습니다. 숯불에 구운 소고기의 맛은 정말 좋았습니다. "고기는 숯불에 구워야 제맛"이라는 말도 있지 않습니까? 숯불에 고기를 구우면 육즙의 감소량이 적고 연해지는 정도도 다른 불판보다 좋습니다. 숯불에 구운 고기가 맛있는 이유는 숯불에서 나오는 '복사열' 때문입니다. 이 복사열이 고기 표면에 얇은 막을 만들어 육즙이 빠져나가지 못하게 합니다.

사실 1960년대 중반만 해도 한국에서 불고기 하면 양념한 소고기를 석쇠에 올려서 숯불에 굽거나 가운데가 볼록한 불판에 양념한 소고기를 올려놓고 연탄불에 구워낸 것을 가리켰습니다. 당시 사람들은 이 두 가지를 구분하지 않고 모두 불고기라고 불렀습니다. 학술적으로 구분하면 앞엣것은 '석쇠 불고기', 뒤엣것은 '육수 불고기'입니다. 앞에서 소개했듯이 '석쇠 불고기'의 맛은 숯불에서 나옵니다. 하지만 '육수 불고기'의 맛은 불판 가장자리에 모이는 국물의 맛이 핵심입니다. 불판 가운데의 볼록한 부분에서 고기가 구워지면서 육수가 흘러내려 국물이 불판 가장자리에 모입니다. 이 국물을 쌀밥에 비벼서 배추김치 한 조각과 함께 먹으면 그야말로 꿀맛입니다.

2018년 가을 베이징의 조선카오뤄 음식점에서 촬영한
숯불 위에 석쇠를 놓고 구운 불고기.

그런데 1960년대 후반이 되면 '석쇠 불고기'의 불은 숯에서
연탄으로 대체됩니다. 이러한 변화를 이끈 주요 요인은 1960년
대 초반부터 정부가 강력하게 추진했던 산림녹화 정책입니다. 당
연히 숯값보다 연탄값이 훨씬 싸졌습니다. 음식점에서도 연탄불
에 석쇠를 올려놓거나, 아니면 아예 '육수 불고기'로 메뉴를 바
꾸는 곳도 늘어났습니다. 연료의 변화가 음식과 요리법을 바꾸
는 대표적인 사례가 '석쇠 불고기'에서 '육수 불고기'로의 변화
입니다. 1980년대 후반 서울의 강남에 대형 불고기 음식점이 들
어서면서 다시 숯불을 이용한 고깃집이 유행했습니다. 비싼 숯은
숯불고기의 맛이 월등히 좋다는 점과 함께 고급 불고깃집을 상징

했습니다.

1960년대 이후 한국의 불고기 변천사를 잘 알고 있던 저로서는, 1994년 베이징에서 만난 조선카오뤄가 가슴을 뛰게 했습니다. 몇 차례 연이어 가서 단골이 된 저는 한 조선카오뤄 음식점의 중국동포 사장을 인터뷰할 수 있었습니다. 이 인터뷰에서 얻은 중요한 역사적 사실은 베이징 조선카오뤄의 출발지가 중국 동북 지역의 선양(瀋陽)이라는 점이었습니다.

선양의 조선카오뤄

하지만 베이징 유학 중에 저는 선양을 찾지 않았습니다. 저의 박사학위 논문 주제가 중국의 서남 지역, 곧 쓰촨성(四川省) 남부의 '롤로'라는 소수민족 문화에 관한 연구였기 때문입니다. 2013년이 되어서야 조선카오뤄의 출발지를 찾아 선양에 갔습니다. 선양 시내의 '시타(西塔)'에는 한국 음식점과 북한 음식점이 몰려 있습니다. 이곳이 바로 1994년 베이징 조선카오뤄 사장이 저에게 알려준 베이징 조선카오뤄의 출발지입니다.

하지만 세월이 흘러서 그런지 조선카오뤄를 판매하는 조선족이 운영하는 음식점을 찾기란 쉽지 않았습니다. 한국 음식점 대부분에서는 한국식 불고기를 판매하고 있었습니다. 그래도 저는 시타 음식점 거리의 골목 구석구석을 다녔고, 드디어 조선카오뤄

숯불 화로는 식민지기에 불고기를 요리할 때 사용되었다.
사진은 선양시 만룽촌 조선족 음식점의 숯불 화로 모습이다.

음식점에서 사용하던 찰흙으로 만든 화로를 판매하는 가게를 발견했습니다. 그 가게 주인은 선양의 남쪽에 가면 옛날 방식대로 화로 위에 석쇠를 올려서 굽는 조선카오뤄 음식점이 있다고 알려주었습니다.

　그곳은 바로 선양시 만룽촌(滿融村)이었습니다. 만룽촌은 본래 조선족 집단 거주지였습니다만, 2013년 제가 방문했을 때는 조선족 대부분이 한국이나 대도시로 떠나 마을은 텅 비어 있었습니다. 다행히 선양의 화로 가게 주인이 알려준 음식점은 그대로 있었습니다. 페인트로 무늬를 그린 양철 쟁반에 숯을 넣은 화로를 놓고 그것을 식탁 중앙에 놓습니다. 숯불을 지핀 후 그 위에 석쇠를 올립니다. 소고기와 돼지고기, 닭고기 등을 주문했습니다. 간장과 설탕, 마늘 등을 넣어 만든 양념에 재운 각종 고기가 숯불 화로 위에서 맛있는 냄새를 풍기면서 구워졌습니다.

마치 타임머신을 타고 온 듯한 분위기의 음식점에서 조선카오뤄를 먹으면서 이 음식은 어디에서 왔을까 생각했습니다. 2000년대 초반에 방문했던 중국 조선족의 수도라고 할 옌볜조선족자치주(延邊朝鮮族自治州)의 옌지(延吉)에서 저는 숯불 화로에 구워 먹는 조선카오뤄를 판매하는 음식점을 찾지 못했습니다. 그렇다면 식민지기 베이징-선양, 그리고 선양에서 이어지는 조선족의 이동 경로를 탐구할 필요가 있지 않을까 생각했습니다. 바로 식민지기의 철로가 한반도의 서쪽에서 중국 동북으로, 중국 동북에서 베이징으로 이어진다는 사실을 발견했습니다. 선양의 조선카오뤄의 앞선 대도시 정거장은 바로 평양입니다.

평양의 불고기

그렇다고 평양으로 갈 수는 없었습니다. 귀국해서 저는 식민지기 신문 자료를 찾아보았습니다. 키워드는 '평양+불고기'와 '고육(烤肉)+소육(燒肉)+군고기+너비아니+야끼니꾸(燒肉)' 등이었습니다. 조선시대 문헌에는 불고기를 뜻하는 '소육'이란 단어가 제법 많이 나옵니다. 하지만 '고육'이란 단어는 나오지 않습니다. 고육은 불고기의 중국식 한자라고 보아야 합니다. 소육 말고도 구운 소고기라는 뜻의 군고기라는 말도 있습니다.

요사이 공장제 식품의 브랜드로도 쓰이는 '너비아니'는 불고기의 서울식 표현입니다. 1938년에 펴낸 문세영의 《조선어사전》에서는 너비아니를 "쇠고기를 얇고 너붓하게 저미어 갖은양념을 하여 구운 음식"이라고 정의했습니다. 여기서 '너붓하게'는 오늘날 '너붓하다'는 말로, "조금 넓고 평평한 듯하다"라는 뜻입니다. 곧, 소고기를 '넓게 펼친 모양으로' 썰어낸다는 말입니다. 조선시대 문헌에는 '설하멱(雪下覓)', '설하적(雪下炙)', '서리목' 등으로 불린 고기구이 음식이 나옵니다. 이 음식들 또한 소고기를 넓게 펼친 모양으로 썰어서 구웠다가 얼음물에 담그기를 몇 차례 반복하여 소고기를 연하게 하는 방법으로 만든 것입니다.

이런 지식배경을 가지고 오래된 신문 자료를 검색해서 다음과 같은 기사를 찾았습니다. 바로 1935년 5월 1일자 《동아일보》석간 3면에 실린 기사입니다. 동아일보사의 평양 지국 기자인 오기영(吳基永, 1908~?)은 '팔로춘색(八路春色)'이란 제목으로 당시의 평양 풍경을 연재하는 칼럼을 썼습니다. 그중 제가 찾은 5월 1일자 기사의 소제목은 '옛 생각은 잊어야 할까, 낡아가는 패성(浿城)의 봄빛이여!'입니다. 여기서 '패성'은 평양을 가리킵니다.

대동강 변 40리 긴 숲의 풀빛을 뿌리까지 짓밟은 일청, 일러 두 싸움 통에 총상을 입은 채 서 있는 기림의 늙은 소나무 밑에는 '봄놀이'도 한창이다. 소고기를 굽는 것이다. 야유회의 맑은 운치도 있음직하거니와 모진 뿌리가 죽지 않아 살아남은 노송들이 그 진저리 나는 고기 굽는 냄새에 푸른빛조차 잃은 것 같다.

이 글은 청일전쟁과 러일전쟁에서도 살아남은 늙은 소나무가 소고기 굽는 냄새에 몸살을 앓고 있다는 이야기입니다. 그런데 제가 주목한 점은 당시 봄만 되면 평양 사람들이 모란대에서 불고기를 굽고 놀았다는 사실입니다. 당시 평양은 '평양우(平壤牛)'로 불릴 만큼 소고기가 유명했습니다. 서울을 넘어서는 공업도시였던 평양인지라 자본과 사람들이 모여들었고, 그것이 소고기 붐을 일으켰던 것입니다.

봄만 되면 평양의 모란대 숲에서는 불고기 굽는 냄새와 먹고 마시는 사람들로 북적였던 모양입니다. 1980년대 중반 한국의 산과 들에서 삼겹살 굽는 냄새가 진동한 일과 비슷했을 것입니다. 결국 1935년 5월 5일자 《동아일보》 석간 5면에는 '모란대 명물 불고기 금지'라는 기사가 실렸습니다. 기사의 내용은 다음과 같습니다.

평양 모란대 송림 속을 놀이터 삼는 주객에게는 매우 섭섭한 일이나 모란대 송림의 명물인 '불고기'는 옥외에서 굽지 못하기로 되었다 한다. 모란대는 풍치가 좋은 곳이라 부민의 유람지요 또한 유원지인데 이 '불고기' 굽는 연기로 말미암아 청청한 솔나무가 시들시들 마를 뿐 아니라 고기 굽는 냄새는 유람객 혹은 산보하는 이에게 불쾌를 주어 말썽이 많았던바 대동서(大同署)에서는 부당국과 협의하여 풍치림(風致林)을 보호하는 의미에서 불고기 옥외 영업은 일절 금지하기로 되었다 한다.

오기영 기자의 한탄이 들렸던지 1935년 5월 평양 대동경찰서에서는 옥외 불고기 금지 조처를 내렸습니다. 옛날 신문에서 음식의 역사와 관련된 기사를 조사할 때 유의할 점은 그 기사가 '사건의 기록'인지 아닌지를 따지는 것입니다. 신문에 기사로 날 정도의 사건이면 사회적 관심을 불러일으킬 만한 일이었을 것입니다. 하지만 사건 뉴스는 새로운 일, 곧 사회 전반의 양상과는 달리 새로 생긴 일이라는 점도 알아야 합니다. 앞에서 소개한 '모란대 불고기 금지' 기사는 당시 평양의 주당들에게 큰 충격을 준 뉴스였을 것입니다.

'모란대 불고기 금지' 관련 기사는 당시 조선총독부의 기관지였던 《매일신보》에도 실렸습니다. 《매일신보》 1935년 5월 5일 자 4면에는 개인이 모란대 숲속에서 불고기를 구워 먹었던 것이 아니라, 을송정과 봉황각, 기림정 같은 음식점에서 그랬다고 하는 정보를 제공해줍니다. 당시만 해도 숯불 화로를 개인이 마련해서 숲속으로 가져가는 일은 어려웠을 것입니다. 심지어 1941년 7월 30일자 《매일신보》 석간 3면에는 불고기를 아예 일본어인 '야끼니꾸(燒肉)'라고 썼습니다.

몇 년 전, 한국의 불고기가 일본의 '야키니쿠'에서 왔다는 주장을 펼친 음식 칼럼니스트가 있었습니다. 그는 《매일신보》가 조선총독부의 기관지였다는 사실을 몰랐던 모양입니다. 《매일신보》는 1904년 7월 18일 영국인 어니스트 베델(Ernest Thomas Bethell, 裵說, 1872~1909)이 창간한 《대한매일신보(大韓每日申報)》를 조선총독부에서 사들여 1910년 8월 30일부터 '대한' 두 자를 떼고 '매일신보'로 신문 이름을 바꾸어 직접 운영한 어용신문입니다. 1930년대부터 논조로 '내선일체(內鮮一體, 일본과 조선은 한 몸이라는 뜻으로 식민지기 일본이 조선인의 정신을 말살하고 조선을 착취하기 위해 만든 구호)'를 내세워 기사를 내보냈습니다. 그러니 일본어에도 능통했던 이 신문사의 조선인 기자들이 '평양 명물 불고기'를 '야끼니꾸'라고 쓰기도 했을 것입니다.

이 평양의 불고기는 '야키니쿠'라는 이름으로 일본에도 전해집니다. 평양의 자본가 중에 조선요리옥을 오사카와 도쿄에 개업한 사람도 있었는데, 메뉴 중에 평양의 명물 불고기도 있었습니다. 당시 조선을 지배했던 일본에서 요사이처럼 불고기를 '푸루코기', 군고기를 '쿤코기'라고 불렀을 리가 결코 없습니다. 일본인들은 불고기와 군고기를 가리키는 한자 '소육'을 '야키니쿠'라고 불렀습니다. 2000년대 일본에서 한류 붐이 일어났을 때, 일본인들은 불고기를 '푸루코기'라고 부르면서 이미 일본화된 '야키니쿠'와 구분했습니다.

허구의 불고기 역사, 맥적론

그런데 불고기의 역사를 설명하는 글에서는 어김없이 '맥적(貊炙)'이 불고기의 기원이라고 주장합니다. '맥적'은 "맥족의 고기구이 음식"으로, '적(炙)'은 양념한 고기를 꼬챙이에 꿰어 불에 구운 음식을 가리킵니다. 하지만 불에 구운 고기를 모두 가리키는 경우도 많습니다. 이 '맥적'이란 말은 조선시대와 그 이전의 문헌에 나오지 않습니다.

그렇다면 '맥적'을 불고기의 기원이라고 주장한 사람은 누구일까요? 바로 식민지기 독립운동과 친일을 넘나들었던 최남선(崔南善, 1890~1957)입니다. 그는 조선총독부 기관지로 변질된 《매일신보》1937년 3월 7일자 조간 1면에 연재한 〈조선상식—풍속편〉(7)에서 이런 말을 썼습니다.

맥적은 곧 고구려식의 고기구이를 의미하는 것이다.

해방 후인 1946년에 최남선은 《매일신보》의 〈조선상식〉을 수정, 보완하여 《조선상식문답(朝鮮常識問答)》을 출간했습니다. 그는 이 책에서 불고기와 관련하여 중국의 《수신기(搜神記)》를 인용하면서 다음과 같이 소개했습니다.

중국 진(晉)나라 때의 책 《수신기》를 보면, "지금 태시(太始) 이래로 이민족의 음식인 강자(羌煮)와 맥적(貊炙)을 매우 귀하게 안다. 그래서 주요한 연회석에는 반드시 맥적을 내놓는다. 이것은 바로 융적(戎狄)이 쳐들어올 징조이다"라고 경계했다는 이야기가 있다. 맥적에는 대맥(大貊)과 소맥(小貊)이 있었으며, 한대(漢代)에서 이것을 즐겨 맥적을 중심으로 차린 연회를 맥반(貊盤)이라 했다. 강(羌)은 서북쪽의 유목인을 칭하는 것이고, 맥(貊)은 동북에 있는 부여인과 고구려인을 칭한다. 곧 강자(羌煮)는 몽골의 고기 요리이고, 맥적(貊炙)은 우리나라 북쪽에서 수렵 생활을 하면서 개발한 고기구이이다.

또 최남선은 "우리 조상들이 예로부터 고기구이를 잘했고, 그 명성은 중국에도 널리 알려졌다"라고 했습니다. 그래서 '맥적'이 불고기의 기원이라고 주장했습니다.

그런데 그가 근거로 제시한 중국의 《수신기》는 기이한 이야기를 모아놓은 소설에 가까운 책입니다. 그러니 사료에 대한 비판적 시각이 필요합니다. 중국의 음식 고고학자 왕런샹(王仁湘, 1950~)은 맥적이 통째로 구운 양이나 돼지 한 마리를 가리키는

통구이일 가능성이 크다고 주장합니다. 그는 맥적이 본래 '강자맥적(薑煮貊炙)'에서 온 말이라고 하면서, 강(薑)과 맥(貊)은 고대 중국의 서북 지역에 살았던 민족 집단을 일컫는다고 했습니다. 최근에는 맥적이 고구려식의 고기구이가 아니라고 주장하는 국내 학자도 있습니다. 하지만 불고기의 기원이 '맥적'이라는 최남선의 주장은 여전히 한국의 학계나 언론계에서 대세입니다.

여기서 궁금증이 들지 않습니까? 조선시대 어느 학자도 '맥적'을 언급하지 않았는데, 왜 최남선은 그렇게 주장했을까요?

최남선이 왜 맥적을 두고 고구려식이라고 했는지는 알 수 없습니다. 다만 다음과 같은 추정을 할 수 있습니다. 조선시대에 소는 농사일을 돕는 중요한 수단으로서 국가의 자산과 같았기 때문에 관청의 허가 없이 주인 마음대로 잡을 수 없었습니다. 이것을 '우금령(牛禁令)'이라고 불렀습니다. 1894년부터 1896년까지 3차에 걸쳐 추진된 갑오개혁 이후 우금령은 힘을 쓰지 못했습니다. 우금령 중에도 조선의 지배층은 소고기 식욕을 숨기지 않았고, 20세기에 들어와서 서울, 평양을 비롯한 여러 도시에서 갈비구이, 불고기가 일대 유행을 했습니다. 이것을 본 최남선이 중국 문헌을 뒤져서 '맥적'을 찾아냈고, 친일로 전향을 하면서도 민족주의 감정을 숨기지 않았던 그가 '맥'을 고구려로 보고 '맥적'이 불고기의 기원이라고 주장했던 것은 아닐까요? 곧, 불고기의 기원이 맥적이라는 '만들어진 역사'는 최남선의 작품입니다.

유행 시점과 장소가 중요하다

제가 추적한 불고기 역사를 보면 불고기가 가장 유행한 시점은 1930년대이고, 장소는 평양의 모란대입니다. 당시 서울에서는 갈비구이가 유행하고 있었습니다. 이 평양의 불고기가 철로를 따라 북으로 가서 중국 선양의 카오뤄가 되었고, 다시 베이징의 조선카오뤄가 되었습니다. 비슷한 시기에 일본으로 간 평양의 불고기는 '야키니쿠'라는 이름으로 변했고, 1945년 일본의 패전 이후 일본식 양념이 들어가서 일본 음식으로 변했습니다. 한국전쟁 이후 남한으로 피란을 온 평양 사람들이 평양식 불고기를 서울에 전파했습니다. 식민지기에 일본에서 들여온 가운데가 볼록한 불판도 함께 말입니다.

따라서 1930년대 평양 불고기가 어떻게 여러 곳으로 전파되었는지를 살피는 작업도 불고기의 역사를 서술하는 하나의 방법이 될 수 있습니다. 저의 평양 불고기 전파 경로에 대한 추적은 불고기 역사의 시대구분을 유행 시점과 장소를 기준으로 "평양 불고기 시대 → 선양의 조선카오뤄 시대 → 일본의 야키니쿠 시대 → 남한의 불고기 시대"로 구분할 수 있습니다. 이렇게 시대구분을 한다면 여러 가지 사회문화적 양상이 겹쳐져 있는 모습을 재현함으로써 불고기 역사의 중층적 묘사가 가능할 것입니다.

1980년대만 해도 식품학자들 대부분은 음식이나 식생활 역사를 왕조에 기준을 두고 시대구분을 했습니다. 왕조가 바뀌었다고 사람들의 식생활이 갑자기 바뀌지 않음은 분명합니다. 요리법이나 식생활의 변화가 나타난 역사적 시간을 찾아내고, 그러한 변화를 가져온 여러 가지 사회문화적 요인을 밝혀야 합니다. 시대구분의 목표는 역사를 중층적으로 묘사하여 변화의 요인을 설명하는 데 있습니다. 음식의 역사 또한 이런 목표를 가지고 시대를 구분해야 합니다. 그 과정에서 최남선의 맥적론처럼 '허구의 역사'가 만들어진 이유도 밝혀낼 수 있습니다.

근현대 간행물에서
음식 기사 찾고 읽는 법

제가 대학생이었던 1980년대 초반 학교 도서관에서 한 달 치
가 묶여 있는 신문 뭉치를 읽는 재미가 쏠쏠했습니다. 신문값
도 아끼고 시대적 쟁점도 알 수 있었기 때문입니다. 만약 조금
오래된 신문을 보려면 이전의 신문 뭉치가 보관된 도서관 서고
에 가서 신문 이름과 날짜를 대고 열람해야 했습니다. 하지만
1883년에 발행된 한국 최초의 근대 신문인 《한성순보(漢城旬
報)》를 보고 싶다면 일단 포기하는 편이 나았습니다. 이 신문
은 문화재라서 아무나 열람할 수 없었기 때문입니다.

　1997년 IMF 외환위기 이후 정부에서는 일터를 잃은 사람
들과 대학 졸업자 중 미취업자들에게 공공근로사업에 참여하
도록 했는데, 그중에는 오래된 신문을 컴퓨터로 입력하는 일도
있었습니다. 이렇게 하여 생겨난 사이트가 '한국역사정보통합
시스템(www.koreanhistory.or.kr)'과 한국언론재단에서 운영

한 '고신문' 사이트(현재 폐쇄)였습니다. '한국역사정보통합시스템'은 최근 업데이트가 빠르지 않아 아쉽지만, '근현대 신문자료'와 '연속간행물'을 통해 《독립신문》이나 1920~1930년대에 발행된 잡지의 기사를 검색할 수 있습니다.

'네이버 뉴스 라이브러리(newslibrary.naver.com)'는 식민지기에 창간한 《동아일보》와 《조선일보》는 물론이고 해방 이후의 《경향신문》, 《매일경제》, 《한겨레》 등을 날짜나 키워드로 검색하여 기사를 읽을 수 있습니다. 도서관에서는 《동아일보》와 《조선일보》의 웹사이트를 통해 원문을 읽거나 다운로드가 가능합니다. 2017년 봄부터 기존의 한국언론재단 '고신문' 사이트의 오래된 신문은 국립중앙도서관의 '대한민국 신문 아카이브(www.nl.go.kr/newspaper)'로 옮겨 갔습니다. 이 웹사이트에서는 1950년 이전에 발행된 신문 70종, 총 192만 4,787건의 기사를 쉽고 빠르게 찾아서 볼 수 있습니다.

오래된 신문이나 잡지 등에서 음식 관련 기사를 찾을 때는 반드시 특정한 음식이나 식재료의 이름을 먼저 알아야 합니다. 그것도 단지 한 가지 이름뿐 아니라, 다르게 불렀던 이름도 알아야 합니다. 예를 들어 '불고기'의 경우 '고육', '소육', '군고기', '너비아니', '야끼니꾸' 등도 동시에 검색해야 다양한 기사를 접할 수 있습니다. 기사를 꼼꼼히 읽다 보면 그전에 알지 못했던 다른 이름을 발견할 수도 있습니다. 이렇게 검색한 결과를 신문별, 날짜별로 정리하면 됩니다. 기사의 출처를 밝힐 때는 신문이나 잡지의 이름뿐 아니라 해당 날짜와 지면이나 쪽수도 기록해두어야 합니다. 간혹 조간과 석간을 같은 날짜에 발행하면서 기사의 내용이 다른 경우도 있기 때문입니다.

신문이나 잡지의 기사 인용에 앞서서 반드시 발행처의 성격에 관해서도 파악해야 합니다. 언론학 사전이나 언론학 관련 논저에는 신문사와 잡지사의 성격에 관한 자료가 있습니다. 발행처마다 나름의 이념을 가지고 있기 때문입니다. 발행 신문사의 성격과 함께 기사가 실린 지면의 성격에 관해서도 파악해야합니다. 지방의 소식을 전하는 지면임에도 서울의 본사에서 출장을 간 기자가 작성하여 중앙의 시선이 강한 경우도 있고, 전문가가 써서 학술성이 강한 글도 있습니다. 지면의 성격을 파악하면 기사 내용의 사실성을 파악하는 데 도움이 됩니다.

신문과 잡지에는 새로운 소식이 주로 실립니다. 이 새로운 소식의 기사는 변화의 조짐이지 사회문화 전체의 변화를 담고 있지 않습니다. 또 음식이나 식생활, 명절 음식과 관련된 기사는 계몽적인 내용이 많은 편입니다. 특히 식민지기부터 1980년대까지의 기사는 이런 내용이 많으므로 유의해야 합니다.

가장 유의해야 할 점은 신문과 잡지의 기사를 텍스트로 전환하여 서비스하는 웹사이트입니다. 텍스트로 전환하면서 오타가 생긴 경우가 있습니다. 원문과 대조해서 텍스트의 오류를 확인해야 합니다. 그리고 '국가기록원(www.archives.go.kr)'의 '기록물 검색'을 이용하면 정부가 발행한 기록물을 통해 더욱 정확한 자료를 파악할 수 있습니다. 이 밖에도 신문과 잡지에서 다루지 않은 조선총독부와 대한민국 정부의 내부 회의 자료나 '관보(官報)' 등의 간행물 원본을 볼 수 있습니다. 만약 웹사이트에서 원본을 제공하지 않을 때는 직접 온라인으로 신청하면 됩니다.

세상은 이렇듯 편리해졌지만 때론 이 편리함으로 인해 잃어버리는 것도 생깁니다. 검색하여 필요한 정보만 얻다 보면 전체적인 맥락을 놓치는 잘못을 범할 수도 있습니다. 신문 기사만으로 당시 사건의 역사적·사회문화적 의미를 제대로 파악하기 어렵습니다. 시대사를 다루는 역사 개론서를 비롯하여 해당 시대의 다양한 변화상을 살핀 연구 논문과 저서를 읽어야 해당 기사에 숨어 있는 '행간(行間)'을 읽을 수 있습니다.

따라서 근현대 간행물에 담긴 음식이나 식재료 관련 기사는 사료가 될 수도 있지만, 엄밀한 의미에서는 역사적 변화를 감지하거나 풀어나갈 수 있는 첫머리인 '단초(端初)'에 지나지 않는 경우가 더 많습니다. 간혹 신문이나 잡지, 심지어 예전의 소설에 나오는 음식 관련 내용을 근거로 내세워 당시 사람들이 모두 그런 음식을 먹었다고 주장하는 연구자가 있습니다. 음식인문학적인 음식 역사 연구의 목적은 시대적 대세를 파악하는 데 목적이 있음을 잊지 말기 바랍니다.

5 강

치즈에서 배운
두부의 발명?

knowhow 5
오래된 문헌 기록도 의심하라

~~~~~~~~~~

다섯 번째 음식 공부는 '사료 비판'입니다. 음식의 역사를 연구할 때 가장 중요한 자료가 바로 '사료'입니다. 사료가 있어야만 과거의 일을 복원하여 역사적 사건을 묘사할 수 있습니다. 역사학에서는 사료라도 엄격한 '비판'의 과정을 거쳐서 믿을 수 있는 내용인지 따집니다. 이러한 작업을 '사료 비판'이라고 부릅니다.

'사료 비판'은 사료의 진위 여부에서부터 시작합니다. 사료가 작성된 때와 장소, 그리고 집필자의 직업이나 지위, 성격 따위도 살펴야 합니다. 또 사료의 내용이 다른 자료를 인용한 것인지, 집필자가 직접 보고 기록한 것인지, 아니면 풍문을 듣고 작성한 것인지 등을 따져야 합니다. 아울러 집필자가 잘못 알고 기록하거나 의도적으로 꾸며낸 이야기를 기록한 것은 아닌지도 판단해야 합니다.

사실 주로 한문으로 쓰인 동아시아의 사료에서 음식과 관련된 내용을 찾기란 쉽지 않습니다. 음식은 너무나 일상적인 것이어서 정치·경제·사회적 의미를 덜 가지고 있기 때문입니다. 그러다 보니 생각지도 않았던 사료에서 음식과 관련된 내용을 발견하면 마치 횡재라도 한 듯 기쁩니다. 그 기쁨에 취해 음식 역사와 관련된 사료에 대한 비판적인 검토를 놓치지 않도록 유의해야 합니다.

두부의 역사는 음식 관련 사료에 대한 엄격한 비판이 중요하다는 사실을 알려주는 대표적인 사례입니다. 포털사이트의 두산백과에서 두부를 검색하면 다음과 같은 내용이 나옵니다.

두산백과 doopedia

두부의 기원은 중국 한(漢)나라의 회남왕(淮南王) 유안(劉安)이 발명한 것이 시초라고 보는 것이 통설이다. 하지만 해당 시기의 다른 문헌과 이후의 기록에서 두부와 관련한 기록을 찾을 수 없으며, 11세기 문헌에서 비로소 두부에 관한 기록이 등장하므로 정설로 받아들이기 힘들다는 의견도 있다. 유안 발명설 외에 콩을 많이 먹었던 중국 북부에서 기원했다는 설, 몽골 지방의 유목민들의 음식 문화에서 기원한다는 설, 인도 유입설, 남만주 및 한반도 기원설 등이 있으나 현재 공인된 정설은 없다.

두부의 기원에 관한 통설은 "중국 한(漢)나라의 회남왕(淮南王) 유안(劉安)이 발명한 것이 시초"라는 것입니다. 최근 학자들이 이에 문제를 제기했고, 중국 북부 기원설, 몽골 유목민 기원설, 인도 유입설, 중국 동북부와 한반도 기원설 등 다양한 두부 기원설이 제기된 상태라는 사실도 알려줍니다. 하지만 현재 공인된 정설은 없다는 것도 밝혀두었습니다. 그렇다면 먼저 어떻게 유안이 두부를 발명했다는 주장이 나왔는지 알아보겠습니다.

이시진은 왜 두부를 처음 만든 사람이 유안이라고 했을까?

회남왕 유안은 기원전 179년부터 기원전 122년 사이에 살았던 사람입니다. 그의 증조할아버지가 한나라를 세운 한고조(漢高祖) 유방(劉邦, 기원전 247?~기원전 195?)입니다. 유안은 독서를 좋아해 여러 학문에 두루 능했습니다. 양쯔강 북부에 있는 지금의 안후이성(安徽省) 회남 지역을 다스리는 회남왕에 봉해진 후, 유안은 지식인 수천 명을 모아서 《회남자(淮南子)》를 펴냈습니다. 그런데 문제는 이 책에 두부와 관련된 내용이 나오지 않는다는 것입니다.

두부를 처음 만든 이가 유안이라는 최초의 기록은 중국 명나라 때 의약학자이자 과학자였던 이시진(李時珍, 1518~1593)이 그의 아들과 함께 편찬한 《본초강목(本草綱目)》입니다. 이 책에는 다음과 같은 내용이 적혀 있습니다.

시진이 말하기를, 두부 만드는 법은 한나라 회남왕 유안이 처음으로 시작했다.

(時珍曰, 豆腐之法, 始於漢淮南王劉安.)

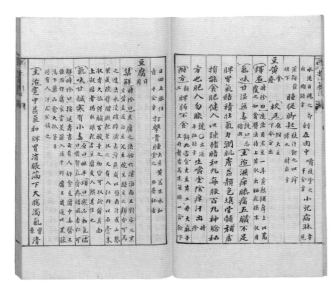

《본초강목》 21권 곡부의 '두부'에서는 두부를 처음 만든 사람이 유안이라고 했다.

　《본초강목》은 이시진이 1552년부터 집필하기 시작하여 1578
년에 완성하고 1596년에 중국의 난징(南京)에서 처음 간행되었
습니다. 이 책은 총 52권인데, '두부' 항목은 곡부(穀部), 곧 곡물
류를 소개한 21권에 나옵니다. 이시진과 유안은 생존 시기만 보
면 약 1,700년 차이가 납니다. 정말 어마어마한 시간 차이 아닙니
까? 만약 《본초강목》의 기록을 두부 발명과 관련된 사료로 보려
면 그 시간은 너무 깁니다. 당연히 이시진은 유안이 두부를 만드
는 모습을 직접 볼 수는 없었습니다.

그렇다면 다른 사람이 쓴 글을 읽고서 그렇게 적은 것일지도 모릅니다. 《본초강목》의 '두부' 항목 아래에는 작은 글씨로 '일용(日用)'이란 한자가 적혀 있습니다. 이 '일용'은 중국 원나라 때의 오서(吳瑞)가 편찬한 《일용본초(日用本草)》의 줄임말입니다. 이시진은 두부를 포함하여 76종의 재료에 관해 이 책의 내용을 인용했습니다. 그런데 문제는 현재 전하는 명나라 말기의 《일용본초》에 나오는 내용과 이시진이 《본초강목》에 인용한 것에 차이가 있다는 점입니다. 그래서 많은 학자는 이시진 직접 본 《일용본초》는 사라졌고, 《일용본초》는 전윤치(錢允治)라는 학자가 전하는 기록을 모아서 다시 펴낸 책이라고 봅니다.

그런데 이시진은 유안이 두부 만드는 것을 처음 시작했다는 내용의 앞에 "시진이 말하기를"이라고 써놓았습니다. 이 문장은 '두부' 항목의 약효만 《일용본초》의 내용을 옮겼지, 유안과 관련된 내용은 본인이 직접 말한 것이라는 뜻입니다. 그렇다고 모든 항목에 인용 문헌을 다 써놓은 이시진이 설마 의도적으로 가짜 이야기를 적었을 리도 없을 것입니다. 따라서 이시진은 유안이 두부를 처음 만들었다는 이야기를 풍문으로 들었고, 그것을 사실로 믿고 적었을 가능성이 커 보입니다.

두부에 관한 최초의 기록

두부를 처음 만든 사람이 유안이라는 기록은 《본초강목》에 처음 나오지만, '두부'란 단어가 등장하는 책은 이시진보다 약 600년 앞서 살았던 중국 송나라 때 학자였던 도곡(陶穀, 903~970)이 지은 《청이록(淸異錄)》입니다. 그 대목은 다음과 같습니다.

> 청양현(靑陽縣)의 관직을 잠시 그만두고 스스로 아껴 쓰면서 백성의 일을 근심하고 있는데, 고을 사람들이 고기가 넉넉지 않자 매일 두부 몇 개를 내놓았다. 고을 사람들은 두부를 소재양(小宰羊)이라고 불렀다.
>
> (時戩爲靑陽丞, 洁己勤民, 肉味不給, 日市豆腐數個. 邑人呼豆腐爲小宰羊.)

청양현은 지금의 중국 대륙 중앙부 양쯔강 하류 유역에 위치한 안후이성(安徽省)에 있었습니다. 도곡이 청양현의 관직을 그만두고 검소하게 사는 모습을 본 고을 사람들이 고기를 주고 싶었지만 없어서 대신 두부를 주었다는 내용입니다. 문장 마지막의 '소재양'은 양고기를 뜻하는 '재양' 앞에 작을 소(小) 자를 붙였으니, 작은 양고기라는 말입니다. 하지만 양고기를 뜻하는 것이 아니라, 두부의 맛이 마치 양고기 같아서 작을 '소' 자를 붙여 만든 말입니다. 예나 지금이나 안후이성의 기후 조건은 양을 키우기에 적절하지 않습니다. 광활한 목초지가 펼쳐진 북방 지역이 목축을 하기 좋은 곳입니다.

안후이성에 위치한 유안이 살았던 회남(화이난)과 도곡이 살았던 청양현(츠저우시의 현).

중국의 역사에서 5대10국(五代十國) 시대가 있습니다. 당나라가 멸망한 907년부터 송나라가 10국을 통일한 979년까지 황허강 유역을 중심으로 화북을 통치했던 다섯 왕조인 5대와 화중(華中), 화남(華南), 화북(華北) 일부를 지배했던 여러 지방 정권 10개 나라가 흥망을 거듭했던 시기를 가리킵니다. 이 5대와 10국 중 5대의 왕조는 주로 북방 유목민들이 주축이 되어 세운 나라입니다. 북방의 유목민은 목축을 하고 양고기를 즐겨 먹었습니다. 이들이 세운 나라에 살았던 양쯔강 유역의 사람들도 이 시기에 양고기 맛을 알게 되었습니다. "두부의 맛이 마치 양고기 같다"라는 말도 유목민과 농민의 교류 과정에서 생겨난 것입니다.

도곡이 관직을 했던 청양현은 유안이 두부를 만들었다는 회남에서 남쪽으로 300킬로미터쯤 떨어진 곳에 있습니다. 그렇다고 청양현 사람들이 유안의 영향을 받아 두부를 만들었다고 할 수는 없습니다. 그랬다면 도곡 이전에 살았던 이곳의 누군가가 두부와 관련한 기록을 했을 것입니다. 그보다는 북방 유목민과의 교류가 두부를 만드는 데 결정적이었을 가능성이 더 큽니다.

두부 만드는 과정

두부 발명에 유목민과의 교류가 왜 중요할까요? 이것을 알기 위해서는 먼저 두부가 만들어지는 과정을 살펴보아야 합니다. 지금은 공장에서 만든 두부를 사서 먹으니 두부 제조 과정을 직접 본 사람이 많지 않습니다. 예전에 농촌의 가정에서 두부 만드는 과정을 설명해보겠습니다.

두부의 주재료는 노란색의 큰 콩입니다. 이 콩을 대두(大豆) 혹은 황두(黃豆)라고 부릅니다. 대두의 원산지는 한반도와 압록강·백두산·두만강의 북쪽으로 알려집니다. 50여 년 전만 해도, 5월쯤 모내기를 다 끝낸 후 논두렁에 대두의 씨앗을 심었습니다. 벼 수확이 다 끝나는 10월쯤 콩깍지가 노란색을 띠면서 대두가 머리를 숙이면 수확을 했습니다.

콩을 수확했으니, 이제 두부를 만들 차례입니다. 먼저 콩을 물에 불립니다. 겨울이면 하루 종일, 여름이면 반나절 정도 담가둡니다. 콩이 적당히 불으면 맷돌로 콩을 탑니다. 물을 조금씩 부어가며 콩을 타면 맷돌 가운데서 하얀색의 콩비지가 거품처럼 새어 나옵니다.

이 콩비지를 솥에 넣고 약한 불로 끓입니다. 맷돌에서 막 갈려 나온 콩비지에서는 묘한 비린내가 납니다. 이 비린내는 콩 속에 있는 식물성 단백질에서 나는 냄새입니다. 익히면 비린내가 가십니다. 함지박 안에 삼베나 무명으로 만든 주머니를 놓고 끓인 콩비지를 퍼서 주머니에 담습니다. 콩비지가 식기 전에 주머니의 입을 양쪽으로 묶고 그 사이에 나무 막대를 꽂아 돌리면서 마치 탕약 짜듯이 콩물을 빼냅니다. 콩에 함유된 단백질은 수용성이라 콩물에 녹아 있습니다. 이 콩물을 '두유(豆乳)'라고도 부릅니다.

두부는 두유가 응고된 음식입니다. 당연히 응고제가 필요합니다. 예전에는 응고제로 '간수(艮水)'를 사용했습니다. 간수는 습기가 찬 소금에서 저절로 녹아 흐르는 짜고 쓴 물입니다. 간수의 주성분은 염화마그네슘입니다. 물에 녹은 식물성 단백질이 염화마그네슘을 만나면 바로 응고됩니다. 두유에 간수를 넣고 잠시 기다리면 응고된 하얀 덩어리와 물이 분리됩니다. 요즘에는 바닷물이 심각하게 오염되어 소금도 재가공의 과정을 거쳐야 음식에 사용할 수 있습니다. 그래서 간수 대신 바닷물에서 추출한 염화마그네슘을 사용합니다. 연두부나 순두부처럼 부드러운 두부를 만들 때는 포도당을 발효시켜 만든 '글루코노-델타-락톤 (glucono-delta-lactone)'을 사용합니다.

다시 예전의 두부 만들기로 가보겠습니다. 함지박 바닥에 가라앉은 덩어리는 그대로 두고 빠져나온 물은 떠내서 버립니다.

응고된 두부 덩어리에서
물을 짜내고 있다.
김준근, 〈두부 짜는 모양〉,
19세기 말경.

그리고 덩어리를 주머니에 옮겨 담습니다. 아직도 응고가 이루어지는 과정이기 때문에 덩어리를 싼 주머니에서 물이 줄줄 흐릅니다. 함지박 위에 널빤지를 올리고 그 위에 입을 단단히 묶은 주머니를 올려놓습니다. 또 다른 널빤지를 주머니 위에 얹고 무거운 돌을 몇 개 올려놓든지, 아니면 아예 사람이 그 위에 올라앉습니다. 이렇게 한참을 누르고 있으면 덩어리가 들어 있는 주머니에서 물이 완전히 빠져나옵니다. 주머니 안의 덩어리는 굳어져 두부의 모양을 갖추게 됩니다.

가정에서 두부 만드는 과정을 좀 더 사실적으로 알기 위해서 그림 한 장을 보겠습니다. 앞에서 제가 소개한 두부 만드는 과정의 한 장면이 생생하게 그려져 있습니다. 한 여성이 돌 하나를 들고서 응고된 두유를 담은 주머니 위에 올라앉아 있습니다. 오른쪽에 서 있는 여성은 더 큰 돌을 들어서 널빤지 위에 놓으려고 합니다. 이 그림은 19세기 말에 화가로 활동한 기산(箕山) 김준근(金俊根, ?~?)이 그린 것입니다. 그림 맨 위에는 한글로 '두부 짜는 모양'이라는 제목이 적혀 있습니다. 간수를 넣어 상당히 많이 응고된 두부 덩어리에서 남은 물을 짜내는 모습입니다.

두부의 핵심은 대두에 함유된 물에 녹는 식물성 단백질을 추출하여 여기에 응고제를 넣어 단단하게 만드는 것입니다. 동물성 단백질 섭취가 부족했던 시절에 두부는 '밭에서 나는 소고기'라는 콩으로 만든 영양 음식이었습니다. 특히 다른 음식과 달리 부드러워 치아가 약한 사람이 먹기에도 좋았습니다.

두부, 치즈를 배우다

혹시 치즈 만드는 방법을 아십니까? 치즈는 소·염소·물소·양 등의 암컷 젖에 녹아 있는 액체 형태의 동물성 단백질을 응고시킨 음식입니다. 치즈를 만들기 위해서는 먼저 동물의 젖에서 액체와 고체를 분리하고 레몬즙이나 식초와 같이 신맛이 나는 성분을 넣

으면 젖 속에 녹아 있는 동물성 단백질이 액체와 분리되어 응고
되기 시작합니다.

대두에서 물에 녹는 단백질을 뽑아내는 것과 밀크에서 액체
형태의 단백질을 추출하는 것은 거의 비슷합니다. 물에 녹은 식
물성 단백질에 간수나 석회 녹인 물을 넣는 것과 추출한 동물성
단백질에 레몬즙이나 식초를 넣는 것도 내용물만 다를 뿐 똑같습
니다. 단단한 치즈를 만들기 위해서는 생후 3~6개월가량 된 송
아지의 위 중 제4위에서 추출한 레닛(rennet)이라는 응유효소(凝
乳酵素)를 넣어야 합니다. 이처럼 치즈와 두부는 재료만 다를 뿐
만드는 기본적인 과정은 똑같습니다.

'두부'의 한자 '豆腐'를 보아도 치즈와 닮은 구석이 있습니다.
두(豆)는 콩을 일컫고, 부(腐)는 '썩다'라는 뜻입니다. 하지만 본
래 '腐'는 음식물을 죽과 같은 상태로 소화시키는 위장의 기능을
가리키는 '부숙(腐熟)'이란 한자에서 온 말입니다. 10세기 이후
두부의 '부' 자가 '썩다'라는 뜻이라서 꺼리는 사람들이 제법 많
았습니다.

그들은 두부를 두유(豆乳), 숙유(菽乳), 지수(脂酥) 등으로 달리
불렀습니다. '숙(菽)' 역시 '두'와 함께 콩을 일컫습니다. 두유와
숙유는 '콩의 젖'이란 뜻입니다. '지수'의 지(脂)는 비계를, 수(酥)
는 밀크를 가공한 연유를 가리킵니다. 한족 지식인들은 유목민의
요구르트를 유락(乳酪), 버터를 낙(酪), 농축한 밀크를 소(蘇), 치

즈를 유부(乳腐)라고 적었습니다. 두부와 치즈의 다양한 한자 표현만 보아도 두부가 치즈를 닮은 음식임을 짐작할 수 있습니다. 당나라 후기와 5대10국 시기에 중국 대륙의 북방 유목민과 남방 농민의 교류가 잦았고, 그 과정에서 치즈 만드는 방법에서 착안해 두부를 발명한 것이 분명해 보입니다.

두부는 영어로 '토푸(tofu)'입니다. 17세기 청나라에서 선교 활동을 했던 에스파냐의 도미니코회 신부 도밍고 페르난데스 나바레테(Domingo Fernández Navarrete, 1610~1686)는 두부를 '테푸(teufu)'라 적고 '콩으로 만든 중국의 치즈'라고 설명했습니다. '테푸'는 중국 남방 사람들이 두부를 부르는 발음을 알파벳으로 적은 것입니다. 이것이 영어로 '토푸'가 되었습니다. 두부를 발명하는 데 큰 역할을 했을 북방 사람들은 두부를 '도우푸(dou-fu)'라고 발음합니다. 하지만 남방 사람들의 발음이 변해서 '토푸'란 영어 이름이 되고 말았습니다.

두부를 처음 본 유럽 사람들은 '콩으로 만든 치즈'라고 했습니다. 그들이 보기에도 두부가 치즈를 닮았던 것입니다. 따라서 두부의 발명에는 중국 대륙 북방의 유목민이 가지고 있던 치즈 제조 기술이 절대적 영향을 끼쳤을 것입니다. 다만 이러한 사실을 뒷받침해줄 사료가 아직 발견되지 않았습니다. 그래서 앞서 소개했듯이 백과사전에 여러 가지 두부 기원설이 나온 것입니다.

저는 밀크로 치즈를 만들던 유목민과 대두로 두유를 만들던 농경민의 교류로 두부가 탄생했다고 봅니다. 이제까지 추적한 것처럼 유안이 두부를 처음 만들었다고 기록한 《본초강목》과 그것을 다시 인용한 중국과 한국, 일본의 고문헌 기록은 신빙성이 없는 허구의 역사입니다.

유안의 두부 역사, 재현하기

그런데 최근 중국의 언론과 지방정부, 그리고 일부 학자들은 이른바 중국을 중심에 두고 자국이 세계 최고라고 인식하는 '중화민족주의'를 내세워, 유안이 진짜로 두부를 만들었다고 주장합니다. 그들은 유안이 회남의 팔공산(八公山) 석회동굴에서 죽지 않는 불사(不死)의 약인 연단(鍊丹)을 만들 때, 우연히 석고 액이 두유에 떨어졌고, 이를 통해 두부가 발명되었다고 주장합니다.

이를 증명이라도 하듯, 2012년 6월 중국 CCTV-1에서는 《혀끝으로 만나는 중국(舌尖上的中國)》 제3편 〈전환하는 영감(轉化的靈感)〉에서 제작진이 팔공산 석회동굴에 가서 유안이 우연히 두부 제조법을 발명한 장면을 재현하여 방송으로 내보냈습니다. 이를 본 중국인 대부분은 유안이 두부를 팔공산 석회동굴에서 발명했다는 허구의 이야기를 진실로 받아들이고 있습니다. 제가 2015년 가을에 중국 시안(西安)에서 열린 음식학 관련 학술 대회에서 유안이 두부를 발명하지 않았음을 증명하는 여러 사료를 제시했지만, 대다수의 중국인 학자들은 저의 발표에 전혀 귀를 기울이지 않았습니다.

저를 비롯하여 중국 밖의 학자들은 중국에서 두부가 탄생한 때를 8세기에서 9세기 당나라 후기라고 추정합니다. 두부의 주재료인 대두가 중국 대륙의 남방에서 재배된 때도 유안이 세상을 떠난 이후라고 보는 학자가 대다수입니다. 하지만 중국 대부분의 책이나 웹사이트에서는 유안이 두부를 최초로 발명했음을 강조하고 있습니다.

고문헌도 의심하라

"고문헌도 의심하라!" 이 말은 두부의 역사에만 국한되지 않습니다. 조선 후기의 지식인이 쓴 요리책에 나오는 음식들도 한번쯤 의심해보아야 합니다. 조선시대 요리책에는 앞선 문헌에서 베껴 쓴 내용이 적지 않습니다. 당시 지식인들은 앞선 학자들의 글을 베껴 써야 제대로 학문을 한다고 생각했으므로 베껴 쓰기는 정당한 학술 활동이었습니다. 그런데 요사이 일부 학자들은 이 점을 고려하지 않고 고문헌에 음식 관련 기록만 나오면 실제로 존재했던 것이라고 무조건 믿는 경향이 있습니다.

심지어 사료 비판을 제대로 하지 않은 채, 단지 고문헌에 기록되어 있다는 점만을 내세워 '허구의 기록'을 '진실'이라고 우기는 일도 적지 않습니다. 유안이 두부를 발명하지 않았다고 해서 중국인의 선조가 두부를 발명한 사실이 바뀌지 않습니다. 심지어 중국이란 국가와 국민의 자존심에 상처를 주는 일도 아닙니다. 음식 관련 고문헌에 관한 엄격한 사료 비판이 절실한 이유입니다.

엄격한 사료 비판과 함께 역사의 실체를 파악하는 노력도 필요합니다. 오직 음식 관련 기록에만 매달리면 그 음식을 먹고 마신 사람들이 살았던 시대의 정치·경제·사회·문화 등을 역사적으로 상상하기 어렵습니다. 당시 사람들의 생활상을 알려주는 역사책도 읽기를 권합니다. 그들의 식재료 확보 과정과 실제 식생활을 머릿속에 그릴 수 있어야 요리책을 비롯한 음식 관련 고문헌을 읽으면서 '음식의 역사적 상상력'을 키울 수 있습니다.

평양냉면은 겨울 음식?

knowhow 6
식재료의 확보 가능 시기를
파악하라

여섯 번째 음식 공부는 특정 음식을 구성하는 주요 식재료를 확보할 수 있는 시기를 파악하는 것입니다. 먼저 고문헌을 비롯해 20세기 초 중반의 문헌에서 역사적 요리법을 찾아 정리하고, 핵심이 되는 식재료를 가려냅니다. 그런 다음 각각의 식재료가 생산 현장에서 부엌에까지 오는 과정과 1년 중 가장 많이 확보되는 시기를 파악합니다. 식재료 확보의 시기는 시대에 따라 달랐습니다.

농사법과 품종의 개량으로 파종과 수확 시기가 지금처럼 변했다는 사실을 염두에 두어야 합니다. 가령 1960년대까지만 해도 음력 8월 15일 추석 때 벼를 추수할 수 있었던 지역은 한정되어 있었습니다. 그래서 추석 차례상에 메(밥)를 지어 올리기 위해 음력 3월에 올벼 (조생종)를 심었습니다. 1970년대 이후 농지개량과 기계화, 그리고 품종 개량이 계속되면서 1980년대에는 추석 때 햅쌀로 밥을 지을 수 있었습니다.

농사를 통해 얻을 수 있었던 식재료도 20세기 이후 산업화된 저장 기술로 인해 확보 시기가 달라진 경우도 있습니다. 또 통조림이나 가공 식품, 심지어 새로운 공장제 식품의 등장으로 천연 식재료가 대체된 사례도 적지 않습니다. 이것을 알아야 시대마다의 사회문화적 변화 속에서 지금의 모습을 갖게 된 특정 음식의 역사를 제대로 서술할 수 있습니다.

예나 지금이나 농산물의 생태는 바뀌지 않았는데, 먹는 계절이 바뀐 대표적인 음식이 냉면(冷麵)입니다. 냉면은 말 그대로 '차가운 국수'입니다. 그래서 무더운 여름에 먹으면 좋은 음식이라고 여깁니다. 냉장고에 넣어둔 차가운 육수를 삶은 국수에 부어 내면 되니, 여름 음식으로 안성맞춤입니다.

그런데 일반 가정에 냉장고가 등장한 때는 언제일까요? 1970년대만 해도 도시의 부유층 가정에서나 냉동실과 냉장실이 분리되지 않은 120리터짜리 냉장고를 갖추고 있었습니다. 대부분의 가정에서는 한여름에 가게에서 얼음을 사서 스티로폼 박스에 넣고 반찬이나 채소, 과일 등을 보관했습니다. 그러니 지금처럼 마트에서 판매하는 냉면을 사온다고 해도 차갑게 먹을 수는 없었습니다. 냉면이라는 이름처럼 '차가운 국수'가 아니었던 것입니다.

그렇다면 전기냉장고는 고사하고 한여름에 얼음을 구하기도 어려웠던 조선시대 사람들은 냉면을 언제 먹었을까요?

조선 후기 사람들이 먹은 냉면

조선 후기 홍석모(洪錫謨, 1781~1857)가 편찬한 《동국세시기(東國
歲時記)》에는 냉면 요리법이 등장합니다. 그 기록을 한번 소리 내
어 읽어볼까요.

> 메밀국수를 무김치나 배추김치에 말고 돼지고기를 넣은 것을 냉면(冷麵)
> 이라고 부른다. 또 여러 가지 채소와 배·밤, 소고기·돼지고기 편육, 기름
> 장을 국수와 섞은 것을 골동면이라고 부른다.
> (用蕎麥麵沈菁菹菘菹和猪肉, 名曰冷麵. 又和雜菜梨栗牛猪切肉油醬於麵, 名曰
> 骨(滑)董麵.)

1849년에 편찬된 《동국세시기》는 당시 서울의 세시풍속을
설명한 책입니다. 따라서 앞에서 읽은 내용은 19세기 중반 서울
사람들이 먹었던 냉면에 관한 기록입니다. 홍석모는 이 글에서
'냉면'과 '골동면'이라는 두 가지 국수를 언급하고 있습니다. 그
것도 단지 '국수[麵]'라 하지 않고, '교맥면(蕎麥麵)'이라고 했습니
다. 교맥면의 '교맥'은 메밀을 뜻하니 교맥면은 메밀국수입니다.
170여 년 전에 쓴 글이지만, 지금으로 치자면 앞의 냉면은 '물냉
면', 뒤의 골동면은 '비빔국수' 혹은 '비빔냉면'입니다.

물냉면과 비빔냉면의 요리법을 좀 더 자세히 살펴보겠습니다.
먼저 물냉면입니다. 홍석모는 메밀국수를 무김치[菁菹]나 배추

김치(菘菹)에 만다고 했습니다. 19세기 말에 쓴 요리책으로 추정되는 대전의 은진 송씨(恩津 宋氏) 송병하(宋炳夏, 1646~1697) 집안에서 전하는 요리책《주식시의(酒食是儀)》에서는 물냉면의 국물로 '동치머리'를 사용한다고 밝혔습니다. '동치머리'는 지금의 '동치미'를 가리킵니다.

그런데 홍석모는 메밀국수를 배추김치에도 만다고 했습니다. 국물이 거의 없는 양념으로 버무린 요사이 배추김치를 생각하면 이 설명은 무척 이상합니다. 하지만 19세기 초에는 국물이 많은 배추김치와 양념 위주의 배추김치가 막 분화되기 시작했습니다(이에 관해서는 '배추김치' 편에서 상세하게 설명하겠습니다). 19세기까지만 하더라도 메밀국수를 배추김치에 말아 먹는 일은 너무나 당연한 일이었습니다. 냉면 위의 고명으로 홍석모는 돼지고기(猪肉)를 꼽았습니다. 여기서 돼지고기는 아마도 지금도 냉면 고명으로 올리는 돼지고기 편육을 가리키는 듯합니다. 다만 '돈육(豚肉)'이라고 적지 않고 '저육(猪肉)'이라고 적은 것으로 보아 집에서 키운 돼지만이 아니라 멧돼지 고기로도 편육을 만들었을 가능성이 있습니다.

이제 골동면에 대해 살펴보겠습니다. 홍석모는 골동면의 국수를 단지 '국수'라고만 했지만, 앞뒤 문맥으로 보아 골동면도 메밀로 만든 국수를 사용한 듯합니다. 그는 국수 외의 재료를 '잡채(雜菜)'라고 적었습니다. '잡채'는 지금처럼 당면이 들어간 잡채가 아니라, 여러 가지 채소와 배, 밤, 소고기·돼지고기의 편육 등을 두루 일컫는 말입니다. 냉면과 달리 골동면에는 소고기 편육도 들어갔습니다.

여기서 주목해야 할 점은 국수와 재료들을 비빌 때 사용한 양념입니다. 홍석모는 '기름장[油醬]'으로 비빈다고 했습니다. 당시의 기름장은 참기름과 조선간장을 섞어서 만든 것입니다. 만약이 기름장만을 넣고 비빈다면 요즈음처럼 고추장·간장·참기름·설탕 등으로 만든 양념장으로 비빈 비빔냉면과는 맛이 다릅니다. 실제로 만들어 먹어보면 매우 담백한 맛이 납니다.

국수를 비벼서 내는 골동면은 조선 후기에 인기가 높았습니다. 1884년 11월 11일, 미국인 조지 클레이턴 포크(George Clayton Foulk, 1856~1893)는 전주의 전라도 감영에서 골동면을 대접받았습니다. 포크는 여행을 다니면서 일기를 썼습니다. 그는 일기에 이날 전주 감영에서 먹은 음식에 관해 자세하게 적었습니다. 포크는 '주요리(the chief dish)'로 먹은 음식의 이름이 '베르미첼리(vermicelli)'라고 했습니다. 베르미첼리는 파스타의 한 종류로, 스파게티보다 면발이 좀 더 가늡니다. 정말로 조선의 전주 감영에서 포크가 베르미첼리를 먹었을까요?

그렇지 않습니다. 어떻게 1884년 조선의 전주에 파스타가 있었겠습니까? 포크는 음식의 이름을 몰라서 영어로 '베르미첼리'라고 썼을 뿐입니다. 당시 조선의 왕실과 관청에서 연회 음식으

2019년 9월 20일 조선호텔조리팀에서 재현한, 고종과 앨리스 루스벨트의 오찬 메뉴 중 골동면.

로 마지막에 제공한 골동면을 두고 포크가 베르미첼리라고 적었던 것입니다. 1905년 9월 20일 점심 때, 고종 황제는 당시 미국 대통령 시어도어 루스벨트(Theodore Roosevelt, 1858~1919)의 딸인 앨리스 루스벨트(Alice Lee Roosevelt, 1884~1980)를 지금의 서울 덕수궁 중명전(重明殿) 2층으로 초청해 함께 식사했습니다. 이 식사의 메인 요리 역시 '골동면'이었습니다.

냉면은 평양의 대표적인 겨울 음식

다시 홍석모의 기록으로 돌아가겠습니다. 홍석모의 《동국세시기》는 서울 사람들이 기념한 명절이나 중요한 행사를 음력 1월부터 12월까지 월별로 기록했습니다. 앞에서 소개한 냉면과 골

조선 후기 평양성 일대를 그린 기성 전도(箕城全圖)에는 평양냉면의 성 행을 보여주듯 대동강 변의 향동에 '냉면가'라고 적혀 있다.

동면은 이 책의 11월 편에 나옵니다. 따라서 19세기 초에는 냉면 과 골동면을 음력 11월, 지금의 양력으로는 12월에 먹었음을 알 수 있습니다.

　홍석모는 또 "관서(關西)의 국수가 가장 맛있다"라고 했습니 다. '관서'는 평안도와 황해도 북부 지역을 가리킵니다. 홍석모보 다 한 세대 앞서 살았던 유득공(柳得恭, 1748~1807)은 음력 3~4월 에 평양에 가서 냉면을 먹었습니다. 꽤 많은 지식인이 한겨울은 물론이고 초봄에도 평양에 가서 냉면 먹은 즐거움을 글로 남겼습니다.

　유득공이나 홍석모가 살았던 시절의 평양에는 냉면집도 제법 많았던 모양입니다. 18~19세기에 제작되었을 것으로 추정되는 〈기성전도(箕城全圖)〉에는 냉면 거리가 표시되어 있습니다. 대동강 주변의 즐비한 가옥들 사이에 '향동 냉면가(香洞 冷麵家)'라는 지명도 보입니다. 따라서 조선 후기에 평양은 겨울냉면으로 이름 난 곳이었음을 짐작할 수 있습니다.

　평안도뿐 아니라 황해도 역시 냉면으로 유명한 고장이었습니다. 정약용(丁若鏞, 1762~1836)은 지금의 황해북도 서흥군에 머물면서 다음과 같은 시를 지었습니다.

시월(음력) 들어 서관(西關)에 한 자나 눈이 쌓이면,
겹겹이 휘장에 푹신한 담요로 손님을 붙잡아둔다네.
벙거짓골(삿갓 모양의 전골냄비)에 저민 노루 고기 붉고,
길게 뽑은 냉면에 배추김치 푸르네.

　황해도 사람들도 한겨울에 냉면을 즐겨 먹었음을 알 수 있는 대목입니다.

1920년대, 평양 사람들
계절을 가리지 않고 냉면을 먹다

그런데 1929년 12월 1일에 발간된 잡지 《별건곤(別乾坤)》 제24
호를 보면, 사시사철 냉면을 먹었다는 글이 실렸습니다. '김소저
(金昭姐)'라는 필명의 작가가 쓴 글입니다. 글의 제목은 〈사계절
명물, 평양냉면(四時名物 平壤冷麵)〉입니다.

봄: 3, 4월 긴 해를 춘흥(春興)에 겨워 즐기다가 지친 다리를 대동문(大
同門) 앞 드높은 이층집에 실어놓고 패강(浿江) 푸른 물 따라 종일의 피
로를 흘려보내며 가득 담은 한 그릇 냉면에 시장을 맞출 때!

여름: 대륙적 영향으로 여름날 열도가 상당히 높은 평양에서 더위가 몹시
다툴 때 흰 벌덕 대접에 주먹 같은 얼음덩어리를 숨겨 감추고 서리서리
얽힌 냉면! 얼음에 더위를 물리치고 겨자와 산미에 권태를 떨쳐버리네.

가을: 능라도(綾羅島) 버들 사이로 비쳐오는 달빛을 맞으며 흉금을 헤쳐
놓고 옛날이야기를 나눌 때 줄기줄기 긴 냉면을 물어 끊기 어려움이 그
들의 우정을 말하는 듯할 때!

겨울: 조선 사람이 외국 가서 흔히 그리운 것이 김치 생각이듯이, 평양
사람이 타향에 가 있을 때 문득문득 평양을 그립게 하는 한 힘이 있으니
이것은 겨울의 냉면 맛이다.

평양 사람들의 냉면 사랑이 대단하지 않습니까? 그런데 이 글

에서 주목할 대목은 여름의 냉면입니다. 여름냉면에는 주먹 크기의 얼음과 겨자즙, 그리고 산미를 내는 식초가 필요하다고 했습니다. 당시 한여름에 얼음을 어떻게 구했을까요?

조선시대 서울을 비롯하여 고위직 관리가 머무는 지방 주요 도시에는 '석빙고(石氷庫)'라는 얼음 저장 시설이 있었습니다. 겨울에 강에서 꽁꽁 언 얼음을 캐서 지하에 만든 석빙고에 보관했습니다. 지금은 동네 이름으로 알려진 서울의 동빙고(東氷庫)와 서빙고(西氷庫)는 조선시대 왕실에서 사용하는 얼음을 저장해둔 창고의 이름이었습니다. 석빙고에 저장된 얼음은 음력 6월부터 바닥을 보입니다. 그러니 한여름에 얼음을 먹을 수 있는 사람은 왕이나 그의 가족, 그리고 일부 고위직 관리에 지나지 않았습니다.

그런데 1920년대 한여름에 주먹만 한 얼음을 냉면 대접에 넣었다니 큰 변화가 생겼던 것 같습니다. 1913년 4월에 경부선 기차 안에서 시원한 음료를 제공하려고 지금의 서울 용산 제1철로 근처에 제빙 공장이 들어섰습니다. 한겨울에 한강에서 얼음을 캐서 그것을 전기로 녹지 않게 보관하는 공장이 바로 제빙 공장입니다. 서울보다 훨씬 추운 평양의 대동강 근처에도 1910년대 후반 제빙 공장이 들어섰습니다. 그 덕에 서울과 평양에서는 한여름에 얼음덩어리를 구할 수 있었습니다.

앞에서도 소개했듯이, 18~19세기에 평양에는 이미 냉면집이 있었습니다. 본래 이 냉면집들은 보통 10월에서 늦으면 5월까지도 영업했는데, 1910년대 후반부터 한여름에도 얼음을 구할 수 있게 되자 계절을 가리지 않고 냉면을 판매했습니다. 평양 사람들은 냉면을 판매하는 음식점을 '면옥(麵屋)'이라고 불렀습니다. 1925년 1월에 결성된 평양의 '면옥노동조합'에 참여한 냉면집 직원만 100명이 넘었으니 평양에 냉면집이 얼마나 많았겠습니까? 한여름에도 얼음을 구할 수 있게 되면서 냉면은 겨울 음식에서 여름 음식으로 변모했습니다.

그래도 1920년대 평양 사람들은 한겨울에 먹는 냉면을 가장 맛있다고 여겼습니다. 앞에서 소개한 김소저의 겨울냉면 글을 다시 살펴보겠습니다.

함박눈이 더벅더벅 내릴 때 방 안에는 바느질하시며 삼국지를 말씀하시는 어머니의 목소리만 고요히 고요히 울리고 있다. 눈앞에 글자 하나가 두셋으로 보이고 어머니 말소리가 차차 가늘게 들려올 때 "국수요!" 하는 큰 목소리와 함께 방문을 열고 들여놓는 것은 타래타래 지은 냉면이다. 꽁꽁 언 김칫독을 뚫고 살얼음이 뜬 김장 김칫국에다 한 저(箸) 두 저(箸) 풀어 먹고 우르르 떨려서 온돌방 아랫목으로 가는 맛! 평양냉면의 이 맛을 못 본 사람이요! 상상이 어떻소!

아무리 여름에 얼음덩어리를 넣는다고 해도 냉면의 맛은 역시 겨울냉면이었던 것입니다. 제가 인터뷰한 평안도와 황해도 출신

어르신 중에는 한겨울 온돌 방에서 바닥만 뜨겁고 방 안 공기는 차가워서 이불을 덮어쓴 채 꽁꽁 언 백김치나 동치미 국물을 녹여가며 냉면을 먹었던 기억을 들려준 분도 적지 않습니다. 김 소저가 쓴 겨울냉면 글과 다르지 않았습니다.

여름냉면 탄생의 조건

그렇다면 여름냉면은 언제 탄생했을까요? 1920년대 평양과 더불어 서울에서도 여름냉면이 인기였습니다. 당시 서울 청계천 북쪽에는 40여 곳의 냉면집이 있었습

1929년 8월 31일자 《동아일보》 5면에 실린 아지노모도 광고에서 냉면집에 걸린 종이 다발이 눈에 띈다.

니다. 낙원동의 평양냉면집과 부벽루, 광교와 수표교 사이의 백양루, 그리고 돈의동의 동양루 등이 모두 냉면 전문점으로 이름을 떨쳤습니다.

그런데 냉면집은 다른 음식점과 달리 간판 옆에 긴 막대기를 꽂아두고 그 끝에 종이 다발을 길게 늘어트려 흩날리도록 했습니다. 종이 다발이 바람에 흩날리는 모습이 마치 국수 타래를 닮았습니다. 높은 건물이 별로 없었던 당시 마포의 아현고개를 넘어서면 이 종이 다발이 눈에 확 들어왔습니다. 한여름에 창공에 휘날리는 흰색 종이 다발을 본 사람들은 땀을 줄줄 흘리면서도 차갑고 시원하면서 감칠맛 나는 물냉면을 떠올리며 서둘러 냉면집으로 향했습니다.

물냉면 국수의 주재료는 메밀입니다. 메밀은 여름에 파종해 2~3개월만 지나면 수확할 수 있는 데다 척박한 땅에서도 잘 자라는 곡물입니다. 이에 비해 밀은 한반도의 일부 지역에서만 재배되고, 그것도 겨울에 파종하여 장마가 오기 전에 수확해야 했으므로 공급량이 많지 않았습니다. 그래서 조선시대 국수의 주재료는 대부분 메밀이었습니다.

그런데 문제는 메밀가루에는 밀가루가 함유하고 있는 글루텐 성분이 없다는 것입니다. 따라서 메밀가루는 밀가루처럼 반죽하기가 쉽지 않습니다. 밀가루를 반죽하는 것보다 몇십 배의 힘이 듭니다. 간신히 반죽해도 덩어리가 마치 돌처럼 단단하여 가는 국수를 만들기가 쉽지 않습니다. 그래서 메밀국수는 칼로 썬 칼국수가 많았습니다.

평안도나 황해도 사람들은 냉면의 국수는 가늘어야 한다고 생각했습니다. 메밀 반죽으로 가는 국수를 뽑으려면 국수를 뽑아내는 공이 부분이 쇠로 된 국수틀이 필요합니다. 메밀 반죽 덩어리를 국수틀의 공이에 넣고 성인 남성 몇 사람이 온 힘을 다해 눌러야 틈새로 국수가 나옵니다. 그런데 이 국수를 솥에서 익히면 면발이 치아로 뚝뚝 끊을 수 있을 정도로 부드러워집니다.

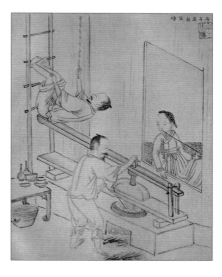

메밀 반죽은 단단해서 국수를 뽑으려면 장정이 국수틀에 올라가서 힘껏 눌러야 했다. 김준근, 〈국수 누르는 모양〉, 19세기 말경.

그런데 왜 요즈음 냉면집에는 식가위가 있을까요? 메밀의 수확 시기는 가을입니다. 이효석의 소설 《메밀꽃 필 무렵》에도 나오지 않습니까? 가을에 수확한 메밀을 그다음 해 여름까지 보관하려면 저온 창고가 필요합니다. 저온 창고는 1980년대 후반부터 농촌에 설치되었습니다. 그러니 1920년대 한여름에 메밀을 넉넉하게 구하기는 쉽지 않았습니다. 그래서 메밀가루에 감자나 고구마의 전분을 섞어 냉면 국수를 만들었습니다. 전분은 감자, 고구마 등을 갈아서 가라앉힌 앙금을 말린 가루입니다. 녹말이라고도 합니다. 녹말이란 말은 19세기 감자나 고구마가 널리 재배되기 이전에 녹두의 전분을 주로 사용한 데서 생겼습니다. 전분이 들어간 냉면 국수는 고무줄처럼 질깁니다. 그래서 식가위로 잘라 먹으면 편합니다.

1960년대 이후 메밀 수확량이 줄어들자 여름냉면의 국수는 더욱 질겨졌습니다. 그래서 냉면집의 식탁에는 수저와 겨자즙, 식초와 함께 식가위가 반드시 놓였습니다. 만약 밀가루를 구할 수 있으면 메밀가루와 혼합하여 냉면 국수를 만들기도 합니다. 밀가루를 싼값에 구할 수 있었던 때는 1960년대 이후입니다. 미국에서 공짜로 밀을 주었기에 가능했습니다. 지금은 메밀가루 80퍼센트에 밀가루 20퍼센트를 혼합한 국수도 100퍼센트 메밀국수로 여길 정도로 메밀값이 비쌉니다.

얼음과 국수 문제를 해결했다고 겨울냉면이 여름냉면으로 바뀌지 않습니다. 김소저의 겨울냉면 글에 "꽁꽁 언 김칫독을 뚫고 살얼음이 뜬 김장 김칫국"이란 대목을 생각해봅시다. 조선 후기의 냉면 기록에서도 확인했듯이, 평양의 겨울냉면에는 국물이 많은 배추김치나 동치미 국물이 들어가야 제격입니다. 김치냉장고가 없던 시절에는 김장 김치가 얼지 않도록 땅에 김칫독을 묻었습니다. 지금보다 훨씬 추웠던 황해도나 평안도에서는 김장 김치가 한겨울에 꽁꽁 업니다. 언 김치 국물을 칼로 깨서 덩어리째 냉면 사리를 담은 대접에 담아 따뜻한 아랫목에 두면 녹기 시작합니다. 이것이 바로 겨울냉면의 진짜 맛입니다.

그런데 1920년대 한여름에 배추김치나 동치미를 어디서 구할 수 있었을까요? 당연히 없었습니다. 한여름에 물냉면의 육수는 또 어떻게 마련했을까요? 일본의 화학자 이케다 기쿠나에(池田 菊苗, 1864~1936)가 1908년에 개발한 조미료인 '아지노모토(味の 素)'가 여름냉면의 국물에 감칠맛을 제공해주었습니다. 1920년 대 중반 평양의 냉면집에서는 닭고기 육수에 아지노모토를 넣어 맛있는 물냉면의 국물을 만들었습니다. 하지만 평양냉면집 주인들은 아지노모토 값이 너무 비싸서 이익이 나지 않는다고 불만을 토로하기도 했습니다. 하지만 이미 변해버린 손님들의 입맛을 따라가려면 여름냉면의 육수에 아지노모토가 빠질 수 없었습니다.

수확하는 계절이 언제인지를 확인하라

평양냉면은 본래 겨울 음식이었습니다. 하지만 20세기 이후 여름에도 얼음을 구할 수 있게 되었고, '아지노모토'라는 MSG가 동치미 국물을 대신하면서 평양냉면은 여름 음식으로 바뀌었습니다. 여름 음식 평양냉면은 1920년대 서울로 진출하여 사람들의 입맛을 사로잡았습니다. 이후 한여름 서울냉면의 시대가 열렸다고 해도 지나친 말이 아닙니다.

하지만 1980년대 이전만 해도 한여름에 메밀을 구하기가 쉽지 않았습니다. 그래서 메밀 대신 전분을 국수에 많이 넣었습니다. 결국 여름냉면의 국수는 고무줄처럼 질겨졌고, 사람들은 여름에 냉면을 먹기 전에 반드시 식가위가 필요했습니다.

지금은 '산업화된 냉면'의 시대입니다. 산업화 이전의 '음식 역사'를 제대로 알려면 먼저 특정 음식을 구성하는 식재료의 생태학적 특성을 파악해야 합니다. 그로 인해 음식의 맛도 달라졌을 가능성을 예상할 수 있기 때문입니다. 한 가지 덧붙이면, 음식 역사를 살필 때 자신의 개인적인 음식 경험을 적용하지 말기 바랍니다. 시대마다 달라졌을지도 모르는 요리법이나 즐겨 먹고 마셨던 계절을 놓치지 않기 위해서입니다.

농수산물의 역사 공부하는 법

농사에 관해 적은 책을 '농서(農書)'라고 부릅니다. 조선시대
대표적인 농서는 중·고등학교 교과서에도 나오는 《농사직설
(農事直設)》입니다. 다만 1492년 세종 때 간행된 책이라 그 이
후의 농사법을 알기 어렵습니다. 18세기 이후 백과사전처럼
가정에서의 생활과 농업, 의료 등을 망라한 《산림경제(山林經
濟)》, 《증보산림경제(增補山林經濟)》, 《임원경제지(林園經濟志)》
등을 통해 조선 후기 농산물의 종류와 재배 방법, 그리고 수확
계절 등을 파악할 수 있습니다. 이 책들에는 중국과 조선의 앞
선 문헌을 옮겨놓은 부분이 많습니다. 이것을 가려서 읽어야
합니다.

　조선 후기 농서는 농업과학도서관 웹사이트(lib.rda.go.kr)
에서 확인할 수 있습니다. '고농서국역총서'를 검색하면 17책
의 번역본 농서를 볼 수 있는데, 조선 후기의 농산물 종류는 물

론이고, 요리법도 나옵니다. 조선시대 오희문이라는 선비가 임진왜란 중에 쓴 일기 《쇄미록(瑣尾錄)》(번역본이 나와 있습니다)에도 많지는 않지만 농사와 관련한 내용이 나옵니다. 일기에는 날짜와 계절이 적혀 있으므로 저자가 살았던 시기의 농산물 파종과 수확 계절을 아는 데 큰 도움이 됩니다. 전국 곳곳에 있는 농업박물관을 방문해보는 것도 추천합니다. 국립민속박물관(www.nfm.go.kr) 웹사이트에는 농사법과 농사 도구 관련 자료가 많이 있습니다. 특히 '한국민속대백과사전'의 '한국생업기술사전(농업)'에 들어가서 ㄱㄴㄷ순으로 항목을 읽는 것도 음식 공부에 큰 도움이 됩니다.

정약전(丁若銓, 1758~1816)의 《자산어보(玆山漁譜)》, 김려(金鑢, 1766~1822)의 《우해이어보(牛海異魚譜)》, 심노숭(沈魯崇, 1762~1837)의 《남천일록(南遷日錄)》은 저자들이 어촌으로 귀양을 가서 집필한 바다 생물에 관한 정보가 풍부한 저서입니다. 정약전은 지금의 전라남도 흑산도로 귀양을 가서 224항의 생선에 대해 한자 어명(魚名)과 속명(俗名, 조선에서 부르는 이름입니다), 그리고 일부 어명에는 흑산도에서 부르는 이름도 적었습니다. 이 책의 번역본(정명현 옮김, 《자산어보: 우리나라 최초의 해양 생물 백과사전》, 서해문집, 2016)을 원문과 함께 읽기 권합니다.

《우해이어보》는 김려가 지금의 경상남도 창원시 마산합포구 진동면 어촌으로 귀양을 가서 집필한 책입니다. 생선 53종,

갑각류 8종, 조개류 11종 등 모두 72종의 생선과 조개가 나옵니다. 그중에는 요사이의 수산학자들조차 이름만 보고는 잘 알지 못하는 생선도 제법 있습니다. 이 책의 번역본은 두 종류(박준원 옮김,《우해이어보: 한국 최초의 어보》, 다운샘, 2004; 최헌섭·박태성 지음,《최초의 물고기 이야기: 신우해이어보》, 지앤유, 2017)가 있지만, 완벽한 번역이라고 보기는 어렵습니다.

《남천일록》은 심노숭이 지금의 부산광역시 기장군에서 6여 년간 귀양살이하면서 쓴 일기입니다. 당시 기장 어촌 사람들의 음식에 관한 기록이 나옵니다. 안타깝게도 아직 번역본이 나오지 않았습니다.

근대 산업화된 수산업에 관해 알 수 있는 책은 일본인이 한반도의 수산업을 장악하기 위한 목적에서 일본어로 쓴 책들입니다. 그중 통감부가 5년에 걸쳐 펴낸《한국수산지(韓國水産誌)》(1908~1911)는 당시 한반도의 수산업 현황을 정리한 책입니다. 일본어 원문을 부경대학교 대마도연구센터에서 번역한 책(이근우 외 옮김,《한국수산지: 100년 전 일본인이 본 우리의 바다》(2책), 새미, 2010)이 있습니다. 일본 수산학자 요시다 케이이치(吉田敬市)가 1954년에 출판한《조선수산개발사(朝鮮水産開発史)》의 번역본(박호원·김수희 옮김,《조선수산개발사》, 민속원, 2019)도 읽어보기 바랍니다. 20세기 식민지기 수산업의 변화를 알 수 있습니다.

양념 배추김치 등장의 일등공신은 반결구배추?

knowhow 7
시대별로 변하는 품종에 주목하라

~~~~~~~~~~~~~~~~~~

일곱 번째 음식 공부는 식재료의 품종에 관한 것입니다. 같은 이름의
식재료 품종이라도 오랜 시간을 거치면서 생물학적으로 개량됩니다.
품종의 개량이 이루어지면 학명도 바뀔 수 있습니다. 음식 인문학의
역사 공부에서 학명이 바뀐 사실까지 따질 필요가 없어 보이지만, 그
렇지 않습니다. 20세기 이후 식재료의 품종 개량은 실험실에서 주로
이루어지다 보니 품종 개량이 최근의 일이라고 생각할지도 모르겠습
니다. 하지만 인류가 농사를 짓기 시작하면서부터 식재료 품종의 개
량은 속도의 차이만 있을 뿐 꾸준히 진행되어왔습니다. 품종이 개량
되어도 식재료의 이름은 바뀌지 않는 경우가 많습니다. 이러다 보니
음식의 역사 연구에서 품종에 관심을 두지 않게 됩니다. 식재료의 품
종은 같은 이름을 가지고 있어도 끊임없이 개량되었다는 사실을 명심
하길 바랍니다.

이름은 바뀌지 않았지만 품종이 변해서 요리법이나 먹는 방식이 변한 대표적인 음식이 배추김치입니다. 제 석사학위 논문의 연구 주제가 '김치'였습니다. 석사학위를 취득하고, 논문을 수정·보완하여 단행본으로 펴냈습니다. 당시 남성이면서 식품학이 아닌 문화인류학을 전공한 이력이 독특해서인지, 제가 김치를 주제로 단행본을 냈다고 많은 분이 저를 '김치 박사'라고 불렀습니다. 이런 칭찬에 으쓱해서 정말 제가 '김치 박사'나 된 줄 알았습니다.

저는 김치를 주제로 석사학위 청구논문을 준비하면서 김장 때면 어머니와 함께 배추김치를 담갔습니다. 아무리 문화인류학적 음식 연구라고 해도 직접 요리를 해봐야 문헌의 내용이나 인터뷰한 분들에게서 들은 이야기를 생생하게 몸으로 배울 수 있다고 생각했기 때문입니다. 하지만 2002년 1학기 때 조선총독부에서 1931년에 발간한 《조선총독부 농사시험장 25주년 기념지(朝鮮總督府農事試驗場二拾五周年記念誌)》에 실린 서울배추와 개성배추의 사진을 보고 내가 큰 실수를 했구나 생각했습니다.

《조선총독부 농사시험장 25주년 기념지》 상권 248쪽에 실린 식민 지기의 배추 품종. 위 왼쪽이 중국 허베이성의 직례(直隷)배추, 오른쪽이 랴오닝성(遼寧省) 다롄시(大連市) 금주(金州)배추이다. 이 두 종류의 배추는 중국에서 씨앗을 가져와서 재배한 결구배추다. 아래 왼쪽에서 첫 번째가 화심(花心)배추, 두 번째가 경성, 곧 서울배추, 세 번째가 개성배추, 네 번째가 빨리 재배되는 북경배추로 모두 반결구배추이다.

이 책에 나온 서울배추와 개성배추는 생전 처음 보는 것이었습니다. 같은 배추인데 왜 모양이 다른지 궁금해하면서, 배추 품종의 생물학적 진화를 추적하기 시작했습니다. 배추 종류를 알아보기 위해 전라남도 해남 배추밭과 강원도 대관령의 고랭지 배추밭을 가보았습니다. 이 과정에서 배추의 품종이 역사적으로 생물학적 개량을 거듭했다는 사실을 확인했습니다. 지금부터 배추 품종의 생물학적 개량에 맞추어 배추김치의 역사를 살펴보겠습니다.

배추김치 담그기

저는 요사이 우리가 즐겨 먹는 배추김치를 다른 말로 '양념 배추김치'라고 부릅니다. 예전 평안도 사람들은 양념을 거의 하지 않은 '백김치'라는 배추김치를 만들었습니다. 제가 2011년 1월, 전라남도 담양에서 인터뷰한 한 할머니는 배추를 소금에 절인 후 아무 양념도 하지 않고 국물을 넉넉하게 한 김치를 '배추지'라고 불렀습니다. 백김치나 이 배추지는 맛이 담백하지만 양념 배추김치처럼 감칠맛과 발효의 맛은 적습니다. 17세기까지만 해도 배추지가 배추김치였습니다. 그런데 19세기 문헌에서부터 젓갈, 고추, 마늘, 생강, 파 등의 양념으로 버무린 배추김치의 요리법이 나옵니다.

배추김치의 역사를 살피기에 앞서 배추김치를 한번 담가보겠습니다. 먼저 배추를 소금물에 절여야 합니다. 최근에는 아예 절인 배추를 사서 집에서 양념만 만들어 버무리기도 하지만, 만약 직접 배추를 절이는 데 도전해보겠다면 반드시 알아야 할 지식이 있습니다.

왜 배추를 소금물에 절여야 할까요? 1990년대 초 제가 만난 한 30대 초반의 여성은 깨끗하게 씻은 배추 위에 천일염을 뿌려두었는데, 하룻밤이 지나도 전혀 절여지지 않았다며 그 이유를 저에게 물은 적이 있습니다.

배추를 제대로 절이려면 먼저 삼투압 작용을 이해해야 합니다. 곧 배추 안의 수분이 밖으로 빠져나가고 소금물의 짠 성분이 배추 안으로 들어가는 과정이 바로 삼투압 작용입니다. 이 작용을 통해 배추가 절여집니다. 삼투압 작용이 잘되려면 배추 표면의 세포막인 펙틴(pectin)이 펙티나아제(pectinase)로 변하여 세포 구멍을 만들어내도록 해야 합니다. 알맞은 소금물의 염도가 배춧잎의 표면에 세포 구멍을 만들어냅니다.

세포 구멍을 통해 물에 잘 녹는 물질인 비타민C, 당분, 함황 아미노산(sulfur-containing amino acid, 분자 구조에 황을 가지고 있는 아미노산), 유리아미노산(free amino acid, 분자 상태로 존재하는 아미노산) 등의 일부가 배추의 섬유질에서 빠져나오면 그 공백에 소금물이 들어갑니다. 농도가 너무 진한 소금물로 배추를 오랫동안 절이면 배추 안의 물질이 너무 많이 빠져나와 배추가 맛을 잃습니다. 잘 절인 배추의 겉과 안에 양념을 골고루 발라주면 일부 양념이 세포 구멍을 통해 배추에 스며듭니다. 배추김치가 지닌 발효의 맛 역시 양념이 배추의 세포 구멍을 통해 일어납니다. 그러니 맛있는 배추김치의 첫 번째 조건은 배추를 잘 절이는 것입니다.

그렇다면 조선시대 사람들은 배추를 어떻게 절였을까요? 현재까지 알려진 가장 오래된 농업책이자 요리책으로 한자로 쓰인 《산가요록(山家要錄)》에 배추 절이는 방법이 적혀 있습니다. 《산가요록》에는 넓은 의미에서 채소를 절인 음식인 '저(菹)'와 '침채

(沈菜)' 요리법 38가지가 적혀 있습니다. '저'란 한자는 채소 절임을 뜻합니다. 하지만 고대 중국에서는 식초에 절인 채소, 젓갈, 고기, 마른풀 따위를 두루 일컫는 글자였습니다. '침채'는 옛날 중국 책에 나오지 않는 순수한 한국식 한자입니다.

'저'와 '침채' 요리법 중에 '침백채(沈白菜)'란 항목이 배추 절이는 방법입니다. 배추는 잎이 청백색의 채소라서 한자로 '백채(白菜)'라고 쓰지만, 사시사철 항상 볼 수 있는 소나무를 닮았다 하여 '숭(菘)'이라고도 씁니다. 《산가요록》의 침백채는 '배추 절이기'입니다. 번역하여 읽어보겠습니다.

깨끗이 씻은 배추 한 동이에 소금 삼 홉을 고루 뿌려놓고 하룻밤 지낸다. 다시 씻어서 먼저처럼 소금을 뿌리면서 항아리에 담고 물을 붓는다.
(白菜浄洗一盆, 下塩三合, 經宿. 更洗, 下塩如前, 納瓮注水.)

요사이 배추 절이는 방법과는 좀 차이가 있습니다. 씻은 배추에 소금만 뿌려두면 하룻밤이 지나도 푹 절여지지 않습니다. 앞에서도 소개했듯이 삼투압 작용이 제대로 일어나지 않기 때문입니다. 씻은 배추에 소금을 뿌리면서 물까지 부으면 삼투압 작용이 잘 일어납니다. 그런데 《산가요록》의 침백채 요리법은 이걸로 끝입니다. 이 책에 나오는 '저'와 '침채' 요리법 38가지 중 배추를 주재료로 한 것은 오직 침백채뿐입니다.

오이, 가지, 무, 순무, 토란대, 동과, 파, 마늘, 생강 등으로 저나 침채를 만든다고 했지만, 왜 배추를 이용한 요리법은 한 가지밖에 없을까요? 몇 안 되지만 조선 초기의 기록을 보면, 배추의 생산지는 주로 서울에 집중되어 있었습니다. 다만 무보다 생산량이 많지 않았던 것으로 여겨집니다. 그러니 지금처럼 김장 때 온 나라가 배추 천지는 아니었습니다.

배추 캐어 들여 김장을 하오리라

시월은 맹동(孟冬)이라 입동(立冬) 소설(小雪) 절기로다. 나뭇잎 떨어지고 고니 소리 높이 난다. 듣거라 아이들, 농공(農功, 농사일)을 필하여도 남은 일 생각하야 집안일마저 남김없이 모두 하세. 무, 배추 캐어 들여 김장을 하오리라. 앞 냇물에 정히 씻어 짜고 싱겁고를 맞게 하고 고추, 마늘, 생강, 파에 젓국지 장아찌라. 독 곁에 중두리요 바탕이 항아리라. 양지에 가가(假家, 김치광) 만들고 짚에 싸 깊이 묻고 호박, 무, 잘 익은 밤도 얼지 않게 간수하소.

이 글은 다산 정약용의 아들인 정학유(丁學游, 1786~1855)가 1819년경에 지은 〈농가월령가(農家月令歌)〉의 음력 10월 내용입니다. 김장의 주재료로 무와 배추를 언급했습니다. 요사이 배추김치 담그는 데 들어가는 재료와도 크게 다르지 않습니다.

그런데 이상한 점은 정학유보다 80년쯤 앞서 살았던 영조 때 왕실의 의사였던 유중림이 한문으로 쓴 《증보산림경제》에는 각종 양념이 들어간 배추김치 요리법이 나오지 않습니다. 이 책의 배추 요리법을 한번 읽어보겠습니다.

> 배추는 첫서리가 내린 뒤에 곧바로 거두어 일반적인 방법에 따라 싱거운 김치를 담가 항아리에 저장하고 뚜껑을 덮은 뒤 땅속에 묻어 공기가 통하지 않게 한다. 다음 해 봄에 열어보면 그 색이 새것과 같고 맛도 맑고 시원하다.
>
> (菘經一霜即收, 如常法作淡葅. 藏瓮封盖, 埋地中, 令勿泄氣, 至明春發見, 則其色如新, 味亦清爽.)

사실 《증보산림경제》에는 지금의 요리법과 닮은 고추, 생강, 마늘, 부추, 파 등의 양념이 들어간 오이소박이와 무김치 요리법이 적혀 있습니다. 그런데 유독 배추김치만은 《산가요록》에 실린 요리법과 비슷합니다. 지금처럼 배추김치에 여러 가지 양념과 젓갈이 들어가기 시작한 시기는 적어도 유중림이 살았던 시기는 아니고 정학유가 살았던 시기 이전이라고 추정할 수 있습니다. 곧 18세기 말에서 19세기 초반이라고 보아야 합니다. 그렇다면 당시 배추김치를 둘러싸고 무언가 변화가 생겼던 것이 아닐까요? 그 변화는 정학유의 〈농가월령가〉에서 읽었듯이, 배추지에서 양념 배추김치로의 전환입니다. 지금부터 이 전환 과정을 추적해 보겠습니다.

양념 배추김치 탄생의 조건

양념 배추김치 탄생의 첫 번째 조건은 젓갈과 고추, 마늘, 생강 등을 혼합한 김치 양념의 개발입니다. 고추는 중앙아메리카가 원산지입니다. 16세기 말 한반도 남부에서 재배되기 시작하여 17세기쯤 한반도의 토양에 적응했습니다. 18세기에 들어와서는 여러 가지 음식과 배추김치에 들어갔습니다.

젓갈은 본래 그 자체로 반찬이 되는 음식이었습니다. 고려 시대만 해도 다양한 바다 생물로 만든 젓갈이 밥반찬으로 부유층 사이에서 인기였습니다. 그런데 1426년(세종 8) 음력 6월 16일자 《세종실록(世宗實錄)》에는 명나라 사신 백언(白彦)이 조선 관리에게 "어린 오이와 섞어 담근 자하젓 두 항아리"를 요청하여 보내주었다는 기록이 나옵니다. '백언'은 당시 명나라 사신으로 조선에 왔지만 본래 조선 출신입니다. 오랜만에 고향에 와서 오이가 섞인 자하젓을 먹고 싶었던 듯합니다.

자하(紫蝦)는 새우와 생김새가 비슷하지만 크기가 1~2센티미터로 매우 작습니다. 그 색이 자주색이라서 이런 이름이 붙었습니다. 요사이의 '곤쟁이젓'이 바로 자하젓입니다. 자하젓은 오이를 함께 넣어 담그는데, '감동저(甘動菹)' 혹은 '감동젓(甘冬醢)'이라고도 불렀습니다. 맛이 달아서 생긴 이름입니다. 감동젓처럼 젓갈과 채소의 만남은 고추, 마늘, 생강 등의 양념을 넣는 요리법의 진화를 촉발했습니다. 향신료인 고추, 마늘, 생강 등은 젓갈의 비린내도 줄여주었고, 짠지처럼 짜게 절이지 않아도 오랫동안 부패하지 않고 잘 보존하도록 도와주었습니다. 양념이 지닌 보존력으로 인해 당시 비싼 소금을 적게 넣어도 음식이 쉽게 부패하지 않았습니다.

양념 배추김치 탄생의 두 번째 조건은 배추의 품종이 개량된 데 있습니다. 배추의 원산지는 중국의 양쯔강 유역으로 알려져 있습니다. 원래 이 배추의 모습은 지금 우리가 늘 보는 배추와 달랐습니다. 길쭉한 푸른 잎이 있지만 속은 거의 비어 있었습니다. '비결구배추'라고도 부릅니다. '비결구'는 속이 없다는 뜻입니다. 그런데 14세기경 중국의 저장성(浙江省) 일대에서 비결구배추가 속이 반쯤 찬 배추로 품종이 개량되었습니다. 속이 반쯤 찼다고 하여 '반결구배추'라고 부릅니다. 이것이 화북 지역, 특히 산둥성(山東省) 일대로 전해졌고, 그곳에서 널리 재배되었습니다. 비결구배추에 비해 수확량도 많고 맛도 좋아서 소비량이 늘어났습니다.

조선 초기만 해도 지금 서울의 왕십리와 뚝섬 일대의 농민들은 비결구배추를 재배하여 사대문 안의 가정에 판매했습니다. 하지만 무보다 양도 적고 맛도 좋지 않아 소비량이 많지 않았습니다. 그래서 《산가요록》에서는 가을에 수확하여 소금에 절여 이듬해 봄에 신선한 맛을 즐긴다고 했던 것입니다. 17세기까지 서울 사람들은 이 비결구배추보다 무를 절여 만든 동치미를 한겨울에 반찬으로 먹었습니다.

18세기에 들어와 조선의 관리와 선비 중에 청나라의 수도 연경(지금의 베이징)을 방문하는 사람이 적지 않았습니다. 이들은 중국에서 크고 속이 찬 배추를 보고 오랜 노력 끝에 배추씨를 가져왔습니다. 하지만 재배가 잘되지 않았습니다. 네 번이나 연경을 다녀온 박제가(朴齊家, 1750~1805)는 당시 사람들이 새로 밭을 만드는 개간은 잘하지만 거름을 주어 땅의 토질을 개선할 줄 모른다고 하면서 배추 농사를 예로 들어 다음과 같은 글(1799년 11월 〈진북학의소〉, '지리이칙' 편)을 남겼습니다.

배추를 들어 말해보면, 서울 사람들은 해마다 연경에서 배추씨를 수입하여 쓰는데, 그래야만 배추가 맛이 좋다. 하지만 3년만 배추씨를 바꾸지 않으면 배추가 순무로 변한다. 중국에서 들여온 배추씨라 하더라도 이를 시골에서 심으면, 심은 그해에도 서울배추에 맛이 미치지 못한다. 설마 땅이 달라서 그럴 리가 있겠는가. 거름을 주는 것이 다르기 때문에 그러한 것이리라.

(則以菘菜論之, 京都之人歲取種於燕京, 然後甚美. 三年不易則化爲蕪菁. 種之

於鄕者, 當年已不及京市. 豈其地之有殊哉. 蓋其糞之不若也.)

반결구배추의 재배에 성공한 서울과 개성 사람들은 이 배추
로 겨울 초입 때 김장을 했습니다. 비결구배추보다 양도 많고 맛
도 좋아 서울과 개성 김장김치는 무를 밀어내고 배추김치가 으
뜸이 되었습니다. 서울과 가까운 경기도에 살았던 정학유가 "무,
배추 캐어 들여 김장을 하오리라"라고 읊조렸던 것도 이 때문입
니다.

양념 배추김치 탄생의 세 번째 조건은 영조 때 대동법(大同法)
의 전국적인 시행입니다. 대동법은 지역의 특산물을 세금으로
받던 제도를 쌀·콩·옷감으로 바꾼 납세 제도입니다. 비록 일부
의 공물과 진상을 유지했지만, 대동법의 전국적인 시행은 벼농사
의 확대를 가져왔습니다. 18세기가 되면 '밥＋국＋반찬'의 식단
에서 밥의 양이 대폭 늘어납니다. 18세기 중반의 학자 이익(李瀷,
1681~1763)은 당시 사람들이 계층을 가리지 않고 주식인 밥을 너
무 많이 먹는다고 비판하는 글을 썼습니다. 곡물로 지은 밥을 많
이 먹을 때 양념 배추김치는 매우 좋은 반찬입니다. 잘 익은 양념
배추김치 하나면 밥도둑이 따로 없습니다. 그래서 19세기가 되
면서 반찬거리가 부족한 한겨울에 양념 배추김치는 거의 '반식
량'의 자리에 올랐습니다.

호배추의 등장

19세기부터 서울의 동대문 안팎과 왕십리 일대는 늦가을만 되면 중국에서 가져온 배추씨를 심어 키운 반결구배추가 온 동네를 푸른색으로 덮었습니다. 1920년대가 되면 서울에서는 배추를 쌓아놓고 파는 김장 시장도 열렸습니다.

이렇게 배추가 많아진 이유는 1882년부터 한반도로 이주해온 중국인 때문입니다. 한국의 화교 대부분은 산둥성 출신입니다. 산둥성 출신 농민들은 배추 농사를 잘 지었습니다. 인천과 서울 교외에 정착한 이들은 자신의 고향에서 결구배추 종자를 가지고 왔습니다. 산둥 사람들은 19세기 중반에 '반결구배추'를 '결구배추'로 품종을 개량하는 데 성공했습니다. 결구배추는 속이 꽉 찬 지금의 배추입니다. 하지만 당시 조선인들은 중국인들의 배추를 오랑캐를 뜻하는 '호(胡)' 자를 붙여 '호배추'라고 부르면서 낮추어 보았습니다.

서울배추든 개성배추든 간에 반결구배추의 가장 큰 문제는 추위가 빨리 닥치면 11월 중순에도 얼어버린다는 점이었습니다. 이에 비해 결구배추인 호배추는 속잎이 꽉 차서 얼더라도 겉잎만 떼어내면 먹을 수 있었습니다. 이러한 장점에도 불구하고 호배추는 그리 빨리 퍼져나가지 못했습니다. 당시 서울과 개성 사람들은 조선배추와 달리 호배추가 감칠맛도 적고 우거지도 많이 안 나와서 좋지 않다고 여겼기 때문입니다.

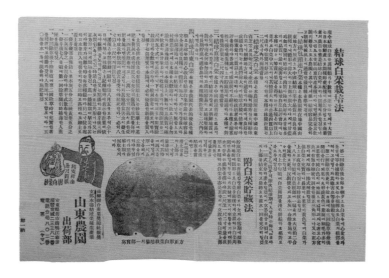

1940년대 '결구백채 재배법' 전단지.
화교들이 고향에서 가져온 결구배추 종자는 1930년대 이후
조선총독부의 장려운동으로 전국으로 확산되었다.

　농업도 대량생산의 시대로 접어들기 시작한 1970년대 중반 농민들은 조선배추를 포기하고 호배추를 선택할 수밖에 없었습니다. 호배추는 화학비료와 농약만 있으면 재배도 수월하고 무게도 많이 나가서 값을 잘 받을 수 있었습니다. 더욱이 새로 개량된 호배추 품종은 가을이 아닌 봄에도 출하할 수 있어서 생산자나 소비자 모두로부터 환영받았습니다. 마침내 1970년대 중반 이후 전국의 가정에서 호배추로 김장김치를 담갔습니다. 시장에

서 조선배추를 찾기 어렵게 되자 호배추라는 이름도 사라지고 그냥 배추가 되었습니다.

1980년대 초반까지만 해도 많은 가정에서 김장 때 배추김치는 물론이고 동치미, 섞박지, 총각김치 등 여러 가지 김치를 담갔습니다. 하지만 먹을거리가 풍부해지면서 집에서 담그는 김장김치는 양념 배추김치에만 집중되었습니다. 정부가 김장 물가정책에서 오직 배춧값 안정에만 집중한 탓도 큽니다. 1990년대 이후 김치 소비량도 줄어들면서 많은 한국인이 김치 하면 배추김치만을 떠올리고 가정이나 음식점에서도 주로 배추김치만 반찬으로 내놓고 있습니다.

변화하는 식재료의 품종에 주목하라

영국의 인류학자 잭 구디(Jack Goody, 1919~2015)는 캔(통조림)이나 냉동 기술로 가공하는 '산업화된 식품'이 등장하기 전까지 지구촌 곳곳의 요리법 대부분은 음식을 오랫동안 보존하는 데 집중했다고 보았습니다. 파오차이, 쓰케모노, 사워크라우트, 피클, 동치미, 배추지와 같은 채소 절임 음식은 지구촌의 온대 지역 어디서나 발견할 수 있는 채소 저장 방법에서 비롯된 음식입니다.

이와 달리 양념 배추김치는 18세기 말과 19세기 초에 서울과 경기도 일대에서 생물학적으로 개량된 반결구배추를 수용하고 사회문화적 변화에 적응하여 문화적으로 진화시킨 결과물입니다. 오늘날 한국의 양념 배추김치 주재료인 배추, 곧 호배추는 한국 화교가 가지고 온 결구배추입니다. 반결구배추를 수용하면서 배춧잎 사이사이에 양념을 넣는 요리법이 생겨났고, 결구배추인 호배추에도 그대로 적용되었습니다.

음식의 역사를 공부할 때 요리법의 변화뿐만 아니라 식재료의 품종도 살펴야 합니다. 새로운 품종의 도입은 요리법의 변화에도 영향을 끼칩니다. 마늘, 생강, 파, 젓갈, 고추 등으로 만든 양념을 절인 배춧잎 사이사이에 버무리는 양념 배추김치의 요리법은 지구촌의 여러 채소 절임 음식에서 나타나지 않은 혁신이었습니다.

이 혁신이 왜 일어났는지를 살피는 작업은 음식의 역사 연구에서 매우 중요합니다. 특정 음식에서 요리법 자체가 변할 정도로 사회문화적 조건에 큰 변동이 일어난 과정을 탐구해야 합니다. 그래야 요리법과 식생활의 문화변동과 적응 과정을 이끈 사회문화적 요인을 논리적으로 설명할 수 있습니다.

8강

조선시대 잡채에는
당면이 없다？

knowhow 8
특정 시기에 유행한
요리법을 모아라

~~~~~~~~~~~

여덟 번째 음식 공부는 '역사 기록물로서의 요리법'에 관한 것입니다.
역사학자는 역사 기록물에서 특정 시기에 비슷한 사건이나 일이 자주
나타나는지를 살핍니다. 만약 비슷한 사건과 일이 기록된 역사 기록
물이 많다면 그것을 통해 시대적 경향을 파악하려고 노력합니다. 특
정 시기의 역사 기록물에 유사한 사건과 일이 많이 기록되어 있는 이
유를 밝히려 애씁니다. 음식의 역사를 연구할 때도 요리법이나 요리
법이 적힌 요리책 또는 고문서를 역사학자처럼 '역사 기록물'로 볼 필
요가 있습니다. 역사 기록물로서의 요리법은 특정 시기의 사람들이
어떤 요리법을 즐겼는지를 파악할 수 있는 좋은 사료입니다. 먼저 실
제생활에서 실행되었다고 볼 수 있는 특정 음식의 요리법을 연도별로
정리합니다. 이 과정에서 시기마다 유행한 요리법의 뭉치가 있음을
발견한다면 행운입니다. 그런 다음 특정 시기에 유행한 요리법이 이
후 어떤 이유로 달라졌는지를 밝혀내면 됩니다. 이것이 바로 역사상
의 요리법을 정리하는 방법입니다.

음식의 이름은 그대로이면서 시기에 따라 요리법이 바뀐 대표적 음식이 잡채입니다. 잡채(雜菜)는 '섞이다'라는 뜻의 '雜'과 '반찬'이라는 뜻의 '菜'가 결합한 것입니다. 평양냉면의 역사를 살피면서 조선 후기 《동국세시기》에서 골동면에 넣은 국수 외의 재료를 통틀어 '잡채'라고 적었다고 했습니다. 하지만 지금 이야기하려고 하는 잡채는 여러분이 잘 아는 당면과 버섯, 돼지고기와 여러 가지 채소를 길게 썰어 익힌 다음 공장제 간장으로 간을 맞춘 음식입니다.

1970년대 잡채 요리법은 어떠했을까요? 한국 식품사 연구에서 제1세대 학자라고 할 수 있는 윤서석(尹瑞石, 1923~)이 1977년에 펴낸 요리책 《한국요리》에 나오는 '잡채' 요리법을 한번 살펴보겠습니다. 우선 3인분 기준의 재료입니다.

쇠고기 200g, 도라지 100g, 미나리 100g, 표고 200g, 석이 10g, 목이 10g, 당근 100g, 당면 100g, 파 소량, 간장 1/4컵, 참기름 1/4컵, 작은

계량스푼으로, 설탕은 3스푼, 깨소금은 2스푼, 후춧가루는 2/3스푼, 그리고 맛난이 소량

여기서 '맛난이'는 인공조미료인 MSG를 가리킵니다. 이제 만드는 순서를 알아보겠습니다.

① 쇠고기를 채 쳐서 조미한다. 미나리는 5cm 길이로 썰고, 표고는 채 친다.
② 도라지는 웬만하게 째서 따끈한 물에 헹구고, 당근은 채 치고, 파는 길이 5cm 정도로 굵게 채 쳐놓는다.
③ 목이는 불려서 큰 것은 반쯤으로 썰고, 당면은 끓는 물에 투명하도록 삶아 냉수에 건져 헹구어서 받쳐놓는다.
④ 쇠고기를 조미한 것을 볶고, 채소를 각각 참기름을 치고 따로따로 볶는다. 미나리는 빛깔이 파랄도록 살짝 볶아서 식혀놓는다.
⑤ 다 볶아지면 모두 같이 섞어서 나머지 조미료로 같이 조미해서 간을 맞춘다.
⑥ 그릇에 담고 위에 석이, 알지단을 뿌린다.

그리고 마지막에 "채소의 각각의 빛깔이 변하지 않게 곱게 볶아서 보기 좋게 섞어지도록 하여야 한다"라고 주의 사항을 적어놓았습니다. 요사이 잡채 만드는 방법과 기본은 같습니다. 다만

재료의 구성이 조금씩 다를 뿐입니다.

중국 음식점에 가면 잡채라는 메뉴가 있습니다. 이 잡채에도 돼지고기, 당면, 양파, 당근, 목이버섯, 대파 등이 반드시 들어갑니다. 하지만 앞에서 소개한 한국식 잡채처럼 개개의 재료를 볶거나 삶는 것이 아니라, 한꺼번에 중국 냄비인 웍(wok)에 넣고 센 불에서 빨리 볶고 소스를 넣어서 마무리합니다. 중국 음식점의 잡채는 불맛도 나고 식용유가 많이 들어가는 편입니다.

조선시대 잡채에는 당면이 들어가지 않는다

조선시대에도 잡채가 있었습니다. 이름처럼 여러 가지 재료를 섞은 음식입니다. 이 잡채 요리법은 1670년경에 장계향(張桂香, 1598~1680)이 한글로 쓴 요리책 《음식디미방》에 나옵니다. 제목은 한글로 '잡채'입니다. 어려운 말은 지금의 우리말로 옮겨서 소개합니다.

오이채, 무, 댓무(무의 한 종류), 참버섯, 석이, 표고, 송이, 숙주나물은 생으로 하고 도라지, 거여목(콩과의 풀), 말린 박고지, 냉이, 미나리, 파, 두릅, 고사리, 승검초, 동아, 가지와 날 꿩고기를 삶아 실처럼 찢어 놓으라. 생강이 없거든 건강(말린 생강), 초강(식초에 절인 생강), 후추, 참기름, 간장, 밀가루, 갖가지 재료를 가늘게 한 치씩 썰어라. 각각을 기름간장으로 볶아 혹 섞거나 혹 분리하여 임의로(마음 내키는 대로) 하여 큰 대접에 놓고 즙을 뿌리되 적당히 하여 위에 천초, 후추, 생강을 뿌려라. 즙이란 생치(날꿩고기)를 쫓아(다져서) 하고, 건장(마른 된장) 걸러서 삼삼하게 하고, 참기름, 밀가루를 넣되 국 맛이 맞거든 밀가루 국에 타서 한소끔 끓여 즙을 걸게 말아라. 동아도 날것을 물에 잠깐 데치되 빛이 우려내려거든 도라지와 맨드라미로 붉은 물 들여 하고 없거든 머루 물을 들이면 붉어지나니라. 이것이 부디 갖가지 재료를 다 하란 말이 아니니 구할 수 있는 양으로 하라.

앞에서 살펴본 윤서석의 잡채 요리법과는 비슷한 듯 보이지만 상당히 다릅니다. 모든 재료를 실처럼 길게 썰어 볶거나 삶아 별도로 마련해둔 즙을 붓고 무치는 방법은 크게 다르지 않습니다. 하지만 한 가지 주목해야 할 점은 지금은 당면이 들어가야 잡채인데, 《음식디미방》의 잡채에는 당면이 들어가지 않습니다. 조선 후기의 또 다른 요리책에 나오는 잡채 요리법을 살펴서 《음식디미방》의 요리법이 특이한 것인지 알아볼 필요가 있습니다.

《음식디미방》과 비슷한 시기에 쓰인 한글 요리책은 아직 발견되지 않았습니다. 조금 앞선 시기이지만, 김유(金綏, 1491~1555)와 김령(金坽, 1577~1641)이 각각 지어 합본한 한문 필사본 요리책 《수운잡방(需雲雜方)》이 있습니다. 하지만 이 책에도 잡채 요리법은 없습니다. 《음식디미방》보다 약 200년 후인 1800년대 중

엽에 쓰였을 것으로 여겨지는 한글 필사본 요리책 《규곤요람(閨壼要覽)·음식록》에 잡채 요리법이 나옵니다. 이 책의 '잡채법(雜菜法)'을 살펴보겠습니다.

잡채라. 숙주나물 거두절미하고 미나리를 숙주 길이만큼 썰고, 곤자소니(소의 창자 끝에 달린 기름기가 많은 부분)와 양(소의 위)을 삶아 그와 같이 채 치고, 파 데쳐서 채 치고, 한데 갖은 고명 하는데, 육회 채 썬 것 한데 볶아서 각 등물을 모두 한데 섞어 무쳐, 계란 부쳐 가늘게 채 쳐서 위에다 뿌리고, 잣가루 뿌리고, 겨자에 무치느니라.

《음식디미방》에서 잡채를 다룬 부분.

《음식디미방》의 잡채에는 꿩고기 다진 것에 된장·참기름·밀가루 등을 넣어 만든 즙을 뿌린다고 했지만, 《규곤요람·음식록》에서는 잣가루를 뿌린 다음 겨자로 무친다고 했습니다. 《음식디미방》과 《규곤요람·음식록》의 잡채는 소스가 다릅니다.

이 겨자는 정확하게 말하면 겨자즙입니다. 겨자는 한자로 '개
장(芥醬)' 혹은 '황개즙(黃芥汁)'이라고 썼습니다. 19세기 말에 쓰
인 것으로 추정되는 한글 필사본 요리책 《시의전서(是議全書)·음
식방문(飮食方文)》에서는 겨자를 물에 담갔다 건져내어 체 밑에
그릇을 받치고 수저로 문질러 거른 다음 소금, 식초, 꿀을 넣고
수저로 저어가며 맛을 보아 단맛이 나면 겨자즙이 완성된 것이라
고 했습니다. 고기와 생선 등을 갖춘 조선 후기 왕실과 사대부가
의 식탁 위에는 간장에 식초를 놓은 초장(醋醬)과 겨자즙이 소스
로 반드시 놓였습니다. 따라서 19세기가 되면 잡채의 소스로 겨
자가 많이 쓰였음을 알 수 있습니다. 《규곤요람·음식록》의 잡채
는 오늘날 중국 음식점에서 맛볼 수 있는 겨자즙을 끼얹은 '양장
피'의 맛과 비슷했을 것입니다.

당면 잡채 요리법의 등장

그런데 20세기 초반에 나온 요리책에는 잡채 요리법이 꼭 소
개됩니다. 한국 최초의 근대적인 인쇄 기술로 출판된 요리책인
1921년판 《조선요리제법》에서는 잡채를 나물의 한 종류로 분류
하면서 일 년 내내 먹을 수 있는 '사계절 음식'이라고 했습니다.
요리법은 다음과 같습니다.

도라지를 하루쯤 물에 담가 불려서 솥에 넣고 데쳐서 다시 하루쯤 우려 빨아서 꼬챙이로 잘게 뜯어 그릇에 담고, 또 미나리를 소금에 잠깐 절였 다가 기름에 볶아서 한 치 길이씩 썰어서 함께 담고, 또 황화채(원추리의 잎과 꽃으로 무쳐 먹는 나물)를 불려서 데쳐내어 한 치 길이 되게 썰어 담고, 고기(소고기)와 제육[豬肉, 돼지고기]을 채 쳐 담고, 표고와 버섯(석이 버섯)을 채 쳐 담고, 파를 이겨 넣은 후 간장과 기름과 깨소금, 후춧가루를 쳐서 한참 섞어가지고 기름에 볶아내어, 당면(唐麵)을 물에 불려 삶아 가지고 썰어서, 다 함께 담고, 잘 섞어서 접시에 소복이 담은 후, 알고명 채 치고, 표고, 석이버섯을 (물에) 불려서 실과 같이 잘게 채 쳐 기름에 볶아가지고 맨 위에 뿌리고, 또 잣가루를 그 위에 뿌리나리라.

잡채에 들어가는 재료와 길게 썬 모양은 《음식디미방》이나 《규곤요람·음식록》과 비슷합니다. 하지만 소스는 완전히 다릅니다. 또 당면도 들어갔습니다. 19세기까지 잡채는 당면이 들어가지 않았지만, 20세기에 들어와서 당면이 들어갑니다. 저는 19세기까지의 잡채와 20세기 이후의 잡채를 구분해야 한다고 생각합니다. 그래서 앞엣것을 그냥 '잡채', 뒤엣것을 '당면 잡채'라고 부릅니다. 오늘날 한국의 대표적인 잔치 음식인 잡채도 정확한 이름은 '당면 잡채'입니다.

《조선요리제법》의 저자 방신영(方信榮, 1890~1977)은 식민지기에 일본의 영양학교에 유학을 다녀오고 이화여전 가사과 교수를 지낸 식품학자입니다. 《조선요리제법》은 1917년에 처음 출간 되었지만 현재 전하지 않고, 1921년판 이후의 것만 전합니다. 이 책은 식민지기 베스트셀러로 꼽힐 정도로 많은 독자의 사랑을 받 았습니다. 한국 음식의 요리법을 집대성한 이 책에는 서양 음식 과 일본 음식, 중국 음식의 몇 가지 요리법도 담겨 있습니다. 하 지만 중국 음식 요리법으로 만든 잡채는 나오지 않습니다.

일본간장으로 간을 맞춘 당면 잡채

또 다른 역사 기록물로서의 '잡채' 요리법을 찾았습니다. 바로 1930년 3월 6일자 《동아일보》 5면에 실린 〈부인이 알아둘 봄철 요리법〉이란 칼럼입니다. 이 칼럼을 쓴 이는 당시 서울의 동덕여 고보 가정과 교사 송금선(宋今璇, 1905~1987) 입니다. 송금선이 소 개한 잡채 요리법은 《조선요리제법》의 것과 거의 비슷합니다. 다만 다음의 내용이 덧붙여 있습니다.

이상에 준비가 다 되었으면 조그만 그릇에다가 볶은 도라지, 미나리, 목 이, 황화채, 표고, 파, 버섯, 당면, 고기 등을 한데 넣고 갖은양념(기름, 깨 소금, 후춧가루)을 알맞게 넣고 맛 좋은 간장(이것은 일본장하고 반씩 섞어도 좋고 일본장만도 맛이 관계없습니다. 모든 음식이 다 그렇지만 더구나 나물에 는 장맛이 나쁘면 아무리 좋은 재료를 써도 맛이 나지 않습니다. 일본장도 상하

여러 질(質)이 있으니 극상이 좋은 것은 물론입니다)으로 간 맞추어 잘 한데 섞어 접시에 보기 좋게 얌전히 담아놓고 알(계란) 고명 황백과 석이, 실고추, 실백을 색 맞추어 위에 얹어놓습니다. 이것을 먹을 때에는 겨자나 초장을 찍어야 합니다.

송금선의 잡채 요리법에서 주목해야 할 대목은 '맛 좋은 간장' 다음에 쓴 괄호 안 설명입니다. 요사이 잡채를 만들 때 보통 사용하는 간장은 공장에서 만든 '진간장'입니다. 사실 이 진간장은 19세기 후반에 개량된 일본식 간장으로, 짜면서도 단맛이 강합니다. 반면 조선간장은 단맛보다 짠맛이 강합니다.

일본인은 간장을 '쇼유(醬油)', 곧 '장유'라고 부릅니다. 일본은 1868년 근대적인 국가로 나아가기 위해 메이지유신이라는 위로부터의 개혁을 단행했습니다. 이때 나온 구호 중 하나가 "서양을 배우자!"였습니다. 그런데 일본의 근대화론자 중에는 서양의 과학기술을 도입해 재래식 음식을 개량해야 한다고 주장하는 사람들이 있었습니다. 그 덕에 생겨난 근대적인 식품 공장 중 하나가 바로 장유 공장입니다. 초창기의 공장제 장유는 재래식 장유보다 품질이 떨어져 소비자에게 크게 환영받지 못했습니다. 하지만 근대 과학자들이 실험실에서 발효공학을 연구해 좋은 성과를 내면서 차츰 품질이 향상되었습니다. 특히 1902년을 전후해 일본의 식품학에서 술에 관한 발효공학의 연구가 진전을 보이면서 비슷한 공정을 거치는 일본 장유 생산기술도 산업화의 길을 걷기 시작했습니다.

식민지기 조선의 일반 가정에서 일본식 간장을 사용하는 일은 드물었습니다. 조선인의 입맛에는 일본식 간장이 달기만 할 뿐 깊은 맛이 없었기 때문입니다. 하지만 일본인 손님이 많았던 조선요리옥에서는 일본 장유로 만든 음식을 내놓았습니다. 1919년경 지식인 김재은은 《동아일보》 1926년 3월 3일자 3면에서 고급 조선요리옥에 갔다가 "통곡할 현상을 구경한 일이 있다. 조선의 요리 독립까지 잃어버리는 것을 구경했다"라면서 "장유라는 것이 우리나라 간장을 동화시켜서 소위 선일융화(鮮日融和)를 실현시켰다"라고 탄식했습니다. 여기서 '선일'은 조선과 일본을 가리킵니다. 제국 일본이 식민지 조선을 장악한 때였으니 조선간장이 일본 장유로 대체되는 일은 어렵지 않았을 것입니다.

송금선은 잡채 요리법에서 품질 좋은 상등급의 일본장을 쓰면 맛이 좋다고 강조했습니다. 혹시 집에 조선간장(2007년 전면 개정된 《식품공전》에서는 '한식간장'이라고 부릅니다)이 있으면 이것으로 잡채를 한번 만들어보십시오. 그러면 익숙했던 잡채 속의 단맛은 거의 없고 짠맛만 날 것입니다. 그래서 송금선은 겨자나 초장에 찍어 먹으라고 권했습니다. 아마도 아직 조선 후기의 잡채와 이 시기의 당면 잡채가 찍어 먹는 소스에서는 완전히 분리되지 않았던 듯합니다. 하지만 방신영과 송금선이 제안한 잡채 요리법에는 당면이 반드시 들어갔습니다. 그러니 《음식디미방》과 《규곤요람·음식록》의 잡채와 달리 20세기 초반의 잡채는 '당면 잡채'라고 불러야 옳습니다.

중국 음식 당면이 들어가다

당면은 한자로 '唐麵'입니다. 앞에서 소개한 방신영의 《조선요리제법》에서도 한글로 '당면'이라 적고 괄호 안에 이 한자를 표기했습니다. 이름만 보아도 중국이 원산지임을 알 수 있습니다. '당면'의 '唐'은 당나라를 가리킵니다. 그렇다고 당면이 당나라 때의 음식은 아닙니다. 보통 만주족이 세운 청나라 때 들어온 물건에는 '호떡'처럼 '호(胡)' 자를 붙였고, 청나라 이전에 들어온 물건에는 '당(唐)' 자를 붙였습니다. 하지만 당면이 청나라 이전에 한반도로 들어온 것은 아닙니다. 1911년 청나라가 망하고 한족 중심의 중화민국이 건국했는데, 이후에 당면이 들어왔다고 보아야 합니다.

사실 중국에서는 당면을 '펀탸오(粉條)' 혹은 '펀쓰(粉絲)'라고 부릅니다. 고구마나 감자의 전분에 뜨거운 물을 부어 풀처럼 반죽한 뒤, 다시 남은 전분을 더 넣고 섭씨 40도 정도의 물을 더 부어 치댑니다. 이 반죽을 국수틀에 넣고 눌러 가락이 나오면 뜨거운 물이 담긴 솥에 넣었다 건져서 식힌 뒤 햇볕에 말리면 당면이 완성됩니다.

1923년 10월 28일자 《동아일보》 3면에는 "우리 손으로 제조하는 [재래지나제(在來支那製)] 당면(唐麵)·분탕(粉湯)·호면(胡麵)"이란 광고가 실렸습니다. 이 광고에는 당면 일등(一等) 품이 100근(斤)에 27원, 분탕 이등(二等) 품이 100근에 25원, 호면은 평양에서 만든 것이 100근에 24원이라고 적혀 있습니다. 이 광고를 낸 업체는 서울과 신의주를 잇는 경의선(京義線)의 사리원역 앞에 있던 '광흥공창제면부(廣興工廠製麵部)'입니다. 이 회사의 대리점은 평양의 삼정정미소(三精精米所)라고 광고에 별도로 표기해 두기도 했습니다.

광흥공창의 사장 양재하(楊在河)는 1910년대 말에 사리원에서 처음으로 당면 생산 공장을 운영했습니다. 그는 청년 시절에 중국 동북부 지역인 만주를 돌아다니면서 돈이 될 만한 상품을 조사했습니다. 고향인 사리원으로 돌아와 당면, 분탕, 호면, 전분 생산 공장을 세워 큰돈을 벌었습니다. 양재하는 평안도 일대에 있던 중국 음식점 대부분에서 당면을 필요로 한다는 점과 나아가 만주에까지 수출할 수 있다는 경영 전략을 세웠습니다. 1930년대 말 양재하가 운영하는 공장의 종업원 수는 120명이었고, 연매출도 23만 원에 달했습니다. 그는 당시 시가 10만 원쯤 하는 1만 평의 땅을 사리원상업학교 설립에 기부하기도 했습니다.

1920년대 서울에만 중국 음식점이 200여 군데가 있었습니다.

그만큼 중국 음식은 당시 조선인들에게 익숙했음은 물론이고 조선인들의 당면 소비량도 엄청났을 것입니다. 이 과정에서 당면은 더는 중국인의 것이 아니라 조선인의 것이 되어가고 있었습니다. 하지만 당시 한반도의 중국 음식점에는 잡채라는 메뉴가 없었던 듯합니다.

1930년대 사용되었을 것으로 추정되는 인천 공화춘(共和春)의 메뉴판에는 '잡채'라는 메뉴가 없습니다. 그런데 제가 구한 1970년대 초반 한국의 중국요식업조합(中國料食業組合)에서 전국의 중국 음식점에 배포한 메뉴판에는 '잡채'가 나옵니다. 바로 '차오뤄(炒肉)'라는 한자 옆에 한글로 '잡채'라고 써놓았습니다. 공화춘의 메뉴판에도 '차오뤄쓰(炒肉絲)'라는 음식이 있습니다. 이 메뉴판에는 한자로 쓰인 음식 이름 밑에 일본어로 설명을 붙여놓았습니다. 그 설명을 한국어로 번역하면 다음과 같습니다. "돼지고기를 실처럼 잘라서 볶은 것(猪肉を絲切したものをいりたる物)." 이 '차오뤄쓰'를 당시의 한국인은 잡채라고 불렀던 것입니다.

1937년 9월 19일자 《동아일보》 2면에는 〈부내지나요리점(府內支那料理店) 팔할 이상이 폐·휴업〉이라는 제목의 기사가 실렸습니다. 여기서 '부내'는 경성부(京城府) 곧 지금의 서울 강북의 종로·명동·동대문·서대문·용산 일대를 가리킵니다. '지나'는 중국으로, 영어 '차이나(china)'의 음을 한자로 적은 것입니다. 이 기사에는 "지나사변(支那事變) 발발 이후 조선 내에 있는 지나인이

1970년대 초반 한국의 중국요식업조합에서 전국의 중국 음식점에 배포한 메뉴판.
이 메뉴판에는 '차오뤄(炒肉)'란 한자 옆에 한글로 '잡채'라고 써놓았다.

약 이미 3만 명이나 자기 나라로 돌아갔다"고 했습니다. 지나사변은 1937년 7월 7일 제국 일본이 중국의 동북 지역을 침략한 중일전쟁을 가리킵니다. 중일전쟁이 발발한 직후 서울에 있던 중국 음식점은 모두 292개였는데, 그중 237개가 문을 닫고 55개만 남았다고 합니다(기사에서는 57개가 남았다고 했지만, 제시된 자료를 정리하니 55개입니다). 그래서 앞의 기사에서 중국 음식점 8할, 곧 80퍼센트 이상이 폐업이나 휴업을 했다고 탄식한 것입니다.

그리고 이어서 1937년 9월 20일자 《동아일보》 1면의 칼럼 〈횡설수설(橫說竪說)〉에서는 "우동, 탕수육, 잡채는 고만두고 그렇게 흔하고 천(賤)하던 호떡조차 맛볼 수 없다"라면서 "원래가 조선인의 식성에 맞고 또한 대중적이라 많이도 먹던 것이 일시에 절영(絕影, 그림자조차 완전히 없어짐) 되매 애식자(愛食者, 즐겨 먹는 사람) 때때로 생각함도 무리가 아니겠지"라고 썼습니다. 먹고 싶으면 스스로 만드는 수밖에 없습니다. 중국 음식점에서 먹던 잡채와는 맛이 많이 다르지만, '애식자'들 중에서는 집에서 방신영과 송금선이 소개한 '당면 잡채' 요리법으로 잡채를 만들어 먹었을 것입니다.

해방 이후 당면 잡채는 한국 음식의 하나가 되어 잔칫상에 당당하게 자리 잡았습니다. 그리고 1960년대가 되면 한국 음식을 연구하는 식품학자들도 조선시대 사람들이 당면이 들어가지 않은 잡채를 먹었는지조차 알지 못했습니다. 그래서 '당면 잡채'가 '잡채'를 밀어내고 스스로 잡채가 되었습니다.

특정 시기에 유행한 요리법을 모아라

'역사 기록물'에 나오는 요리법은 과거의 사실을 알려주는 '역사적 요리법'이라 할 수 있습니다. 이 역사적 요리법은 시간이 지나면서 변하기 마련입니다. 그 변화는 정치·경제·사회문화의 다양한 양상이 작용한 결과입니다. 잡채에서 당면 잡채로 바뀌는 역사에는 여러 사연이 숨어 있습니다.

1882년 임오군란을 계기로 많은 중국인이 한반도로 이주한 결과, 그들이 운영한 중국 음식점이 조선 사람들에게 상당한 인기를 끌었다는 사연, 제국 일본이 중국 동북에 가짜 국가 만주국을 세우면서 식민지 국민인 조선인은 그전과 달리 수월하게 만주로 갈 수 있었던 사연, 제국 일본의 공장제 장유가 한반도와 만주의 음식점 식탁을 서서히 장악해간 사연 등이 숨어 있습니다.

잡채와 당면 잡채의 요리법은 다양하지 않지만 시기마다 유행한 요리법의 뭉치가 있습니다. 이처럼 특정 시기에 유행한 요리법을 수집하고 이것을 역사학적으로 분석하면 이런 숨은 사연을 밖으로 드러낼 수 있습니다. 그래야 음식의 역사는 더욱 중층적 이야기가 됩니다.

오래된 한글 요리책 읽는 법

조선시대 지식인들은 한문으로 된 책을 읽을 때 소리 내서 읽었습니다. 같은 내용을 소리 내서 읽으면 어느 순간 글의 이치를 깨닫는다고 믿었습니다. 서당에서 천자문을 공부할 때도 다함께 소리 내서 읽었습니다. 소리 내서 책을 읽는 행위를 '낭독(朗讀)'이라고 합니다. 근대 인쇄술로 지금과 같은 책이 출판되면서 사람들은 책을 눈으로만 읽습니다. 눈으로 읽는 것을 '묵독(默讀)'이라고 합니다. 묵독하면 책의 내용과 자기 생각을 교차시키며 깊이 음미하기에 좋습니다. 하지만 조선 시대와 20세기 초반의 한글 요리책의 요리법은 다른 사람에게 알려주듯이 적혀 있습니다. '낭독'을 염두에 두고 그렇게 썼던 것입니다.

한글로 된 요리책 중 가장 오래된 《음식디미방》에서부터 《규합총서(閨閤叢書)·주사의(酒食議)》, 《주식시의》, 《시의전서·음식방문》,《규곤요람·음식록》등과 20세기 초반에 근대 인쇄술로 출판된 한글 요리책 《조선요리제법》과 《조선무쌍신식요리제법》의 요리법 서술 방식은 지금의 요리책과 다릅니다. 재료의 종류나 분량을 밝히지 않았습니다. 마치 앞사람에게 요리법을 일러두듯이 구어체로 적어놓았습니다.

저는 여러분이 오래된 한글 요리책의 요리법을 소리 내서 읽기를 권합니다. 한 번이 아니라 열 번 이상 소리 내서 읽기 바랍니다. 그러면 바로 앞에서 알려주는 듯한 생생함도 느끼고 문맥의 이치를 깨닫는 데도 도움이 됩니다. 여러 번 읽으면서 요리법을 컴퓨터에 옮깁니다. 오래된 요리법 대부분이 소개된 '한국전통지식포탈'에서 복사해도 됩니다.

그런 다음 잘 모르는 단어는 사전에서 찾아 설명을 붙입니다. 이와 같은 작업을 '역주(譯註)'라고 합니다. 다시 여러 번 소리 내서 읽다 보면, 재료와 도구를 이용해 요리법에 따라 바로 음식을 복원할 수 있을 듯 익숙해집니다. 하지만 옛 요리책의 저자는 책을 집필한 시기만 해도 너무나 당연하다고 여긴 요리법을 생략했기 때문에 음식을 바로 재현하기는 쉽지 않습니다. 이제 생략된 요리법의 내용이 어떤 것일지 생각해보아야 합니다. 그러려면 부엌에서 칼을 잡는 수밖에 없습니다. 직접 음식을 만들어봄으로써 오래된 요리책에 소개된 요리법도 재현할 수 있는 자신감을 갖게 될 것입니다.

마지막으로 한 가지 조심해야 할 점을 알려드리겠습니다. 식품학자나 요리학자가 번역한 조선시대 요리책 대부분은 번역자의 생각도 보태서 현대어로 풀어 쓴 결과물입니다. 역주까지 붙인 완벽한 번역이 아니라면, 번역본에만 기대어 공부하지 마십시오. 반드시 원본의 복사본을 구해 대조하면서 공부하십시오. 그래야 본래 요리책 저자가 말하려고 한 바를 제대로 알 수 있습니다.

9강

입하 전어에서 가을 전어로?

산업화로 즐겨 먹는 때가
바뀜을 알라

아홉 번째 음식 공부는 어로 방식의 산업화에 관한 것입니다. 인류의 초기 역사에서 먹을거리를 구하는 것 자체가 경제활동이었습니다. 하루의 모든 노동이 먹을거리를 구하는 데 집중될 수밖에 없었기 때문입니다. 문화인류학에서는 생태적 조건에 따라 '식량 획득 방식'이 달라진다고 봅니다. 식량 획득 방식은 크게 원시 농경과 집약 농경, 이동하면서 가축을 키우는 유목을 포함한 목축, 그리고 동물을 사냥하는 수렵과 자연에 있는 과일이나 야채(野菜, 자연 중의 푸성귀, 인공 재배한 푸성귀는 채소)를 모으는 채집으로 나눌 수 있습니다. 이것은 20세기 초반 지구촌 여러 민족 집단의 식량 획득 방식을 기준으로 나눈 것입니다. 하지만 산업화로 근대도시가 들어서면서 상업이 번성하고 산업화된 곳에서는 가정에서 먹을거리를 직접 재배하거나 가공하지 않고 시장에서 사는 사람들이 점점 늘어났습니다. 산업화로 인해 기존의 식량 획득 방식도 바뀌었습니다. 산업화를 통해 만들어진 음식을 '산업 식품'이라고 부릅니다. 오늘날 우리가 먹는 농산물이나 축산물은 물론이고 수산물도 이제 산업 식품이 되었습니다. 음식 역사 연구에서 산업 식품의 변화 과정은 매우 중요한 주제입니다. 오래전부터 먹고 마셔온 음식 대부분도 산업 식품으로 변화했기 때문입니다.

저는 한때 매년 8월 초를 전후해 열리는 경상남도 사천시 '삼천포항 자연산 전어축제'를 한 해도 거르지 않고 갔습니다. 전어 하면 가을인데 웬 8월이냐고요? 삼천포에는 8월 초순이면 '햇전어'라고 불리는 자연산 전어가 가득합니다.

전어는 5월부터 7월 15일 사이에 알을 낳기 때문에 이 시기는 잡을 수 없는 금어기(禁漁期)입니다. 이 금어기가 풀리면 삼천포의 어부들은 삼천포항 앞바다와 사천만 일대에서 전어를 잡기 시작합니다. 가을이면 길이가 30센티미터쯤 되어 그때 잡히는 전어가 가장 크고 살이 통통하지만, 7월 하순과 8월 초순에 잡히는 전어는 작아도 뼈가 연하고 육질이 부드러워 뼈째 먹으면 씹을수록 고소하고 감칠맛이 납니다.

2008년 8월 초순에도 저는 삼천포항 전어축제 현장에 있었습니다. 당시 저는 일본의 국립 가고시마대학(鹿兒島大學)의 다원지역문화코스 전공에서 객원 연구원 자격으로 1년 동안 일본에 머물고 있었습니다. 8월 초순 학부 학생들을 이끌고 한국 답사 여행으로 부산과 진주를 거쳐 삼천포 전어축제 현장까지 갔습니다. 당연히 그들에게 전어회와 전어구이를 권했습니다. 그런데 30여 명의 학부생과 두 명의 문화인류학 전공 교수는 저와 달리 전어회와 전어구이를 반기지 않았습니다. 저는 그날 일기에 그들의 이상한 태도를 두고, '삼천포 전어사건'이라고 적어두었습니다.

그해 가을 저의 귀국 환송회 때 비로소 '삼천포 전어사건'의 전말을 알게 되었습니다. 한 일본인 교수가 저에게 일본인들은 전어구이를 별로 좋아하지 않는다고 귀뜸해주었습니다. 저는 일본인이라면 누구나 무슨 생선이든 잘 먹는 줄 알고 있었던 탓에 당황했습니다. 일본인 중에는 전어 굽는 냄새가 시신을 화장할 때 나는 냄새와 비슷하다고 여기는 사람이 많답니다. 일본인의 음식 취향을 모르고 제가 저질렀던 큰 실수였습니다. 저는 동아시아 음식 문화를 연구하는 음식 인문학자로서 무척 창피했습니다.

입하 전어

8월 초순이면 삼천포까지 달려가 전어를 먹었던 저는 조선시대 문헌에서 전어 관련 기록을 찾으면서 다시 한번 놀랐습니다. 왕과 신하들이 매일같이 나눈 이야기를 기록한 《승정원일기(承政院日記)》의 내용은 최근 디지털로 전환되어 웹사이트에서 검색할 수 있습니다. 웹사이트에 들어가서 검색 창에 한자 '錢魚' 혹은 '箭魚'를 치면 관련 목록이 시기별로 죽 뜹니다. 아직 한글로 번역되지 않아서 그것이 생선 전어를 가리키는지 확인해야 합니다. 몇 안 되는 전어와 관련된 기사 중에서 1716년(숙종 42) 음력 윤달 3월 2일자 기사가 저의 시선을 끌었습니다.

> 윤삼월 초하루에 왕실에 올릴 말린 전어를 진상하라고 했는데, 수령이 그것을 지키지 못했습니다. 하동부사 이홍정(李弘靖), 사천현감 이세복(李世復) 등을 파면하고 저도 역시 벌을 받으려 합니다.

숙종은 이 보고를 당시 경상감사(慶尙監司)가 올린 보고서인 장계(狀啓)를 통해 받았습니다. 경상감사는 오늘날로 치면 경상남도와 경상북도, 부산시와 대구시, 울산시를 아우르는 행정·군사·사법 책임자입니다. 숙종이 보고를 받은 1716년 음력 윤달 3월 2일은 양력으로 4월 23일입니다. 오늘날 사람들은 전어 하면 가을을 떠올리는데, 왜 18세기 초반의 전어는 양력 4월이었을까요?

전어는 때로 몰려다니는 생선입니다. 양력 4월부터 6월 사이에 전어는 산란하기 위해 지금의 경상남도 하동과 사천의 삼천포 앞바다로 몰려들었습니다. 밤이면 전어 떼가 해안에서 산란하려고 바글바글했습니다. 어촌 사람들은 이때를 놓치지 않고 짚이나 새끼줄 또는 갈피(葛皮) 껍질로 만든 그물로 전어를 잡았습니다.

하동과 사천의 사또는 어민들이 말리거나 소금에 절인 전어를 제일 먼저 왕실로 올려야 했습니다. 새로 나온 곡식이나 과일이나 생선을 종묘에 올리는 행위를 '종묘천신(宗廟薦新)'이라고 불렀습니다. '천신'은 철 따라 새로 난 과실이나 농산물을 가장 먼저 조상의 신위(神位)에 올리는 일을 말합니다. 당시 관리들은 천신 품목을 제때 왕실에 올리는 일을 매우 중요하게 여겼습니다. 왕실 조상의 위패를 모신 종묘에서 천신 제사가 치러졌기 때문입니다.

말린 전어는 음력 윤달 3월 1일까지 서울의 왕실에 도착해야만 종묘의 천신 제사에 제물로 올릴 수 있었습니다. 그런데 그해 하동과 사천의 해안에 전어가 나타나지 않았습니다. 그래서 전어의 천신을 책임지고 있던 경상도 관찰사가 숙종 임금께 해당 지역의 사또 둘을 파직하고 자신도 벌을 받겠다고 보고했던 것입니다. 하지만 보고를 받은 숙종은 "물건을 받고 보내는 데 어려움이 있으니, 그 사정을 헤아려 파면하지 말라"고 지시했습니다. 그리고 경상감사에게도 벌을 내리지 않겠다고 했습니다. 전어를 진상하지 않은 것을 두고 관원들을 탓할 수 없다는 생각을 숙종이 했던 것입니다. 얼마나 현명한 조치입니까.

조선 후기 세상살이의 이치를 꿰뚫고 있었던 서유구(徐有榘, 1764~1845)는 전어가 "입하(立夏) 전후가 되면 매번 물가에 와서

진흙을 먹는다. 이때 어부들은 넓은 그물을 쳐서 잡는다"라고 했습니다. 입하는 24절기의 하나로, 양력 5월 5일경입니다.

서유구는 이런 말도 남겼습니다. "(전어를) 상인들이 절여서 파는데 한양의 부자나 가난한 자나 모두 이것을 맛있게 먹는다. 그 맛 때문에 이것을 구입하는 사람은 돈을 따지지 않는다. 그래서 전어(錢魚)라고 부른다." 사실 전어는 떼를 지어 빠르게 이동한다고 하여 화살 '전(箭)' 자를 써서 '전어(箭魚)'라고 했습니다. 그런데 서유구는 19세기 초반 서울에서 전어가 잘 팔려서 돈 '전(錢)' 자를 붙여 '전어(錢魚)'라고 부른다고 했습니다. 앞에서 소개한 《승정원일기》의 숙종 이야기에서도 전어의 한자는 '錢魚'로 나옵니다.

이미 18세기 초반부터 서울 사람들은 전어구이를 양력 4월에서 6월 사이에 즐겨 먹었다는 사실을 확인할 수 있습니다. 따라서 조선시대에는 '가을 전어'라는 말이 없었습니다. 오히려 19세기 초반 서울 사람들은 '입하 전어'라는 말로 전어구이 먹기에 열중했을 듯합니다.

조선시대 어획 방법

왜 조선 후기 '입하 전어'가 20세기 들어와서 '가을 전어'로 바뀌었을까요? 전어를 잡는 방법이 바뀌었기 때문입니다. 조선시대만 해도 왕실에서나 어민들조차도 먼바다로 나가서 생선 잡는 일을 그다지 좋아하지 않았습니다. 썰물과 밀물의 차이가 큰 서해나 남해 일부 어촌에서는 간만(干滿)의 차이가 심한 곳에 가시가 있는 엄나무나 싸리나무로 '어살[漁箭]'을 만들어 생선을 잡았습니다. 어살에 관해서는 김홍도(金弘道, 1745~?)가 그렸을 것이라고 추정되는 그림을 보면서 살펴보겠습니다.

갈매기 떼가 나무로 만든 어살 위에 앉아 있다가 한 무리가 무언가에 놀라 하늘 위로 날아오릅니다. 바닥을 평평하게 만든 납작한 어선 두 척이 새들의 움직임에도 아랑곳하지 않고 생선 잡는 일에 분주합니다. 어살 안의 두 사람은 바닥에 박아놓은 말뚝에 발을 디디고 생선을 담은 광주리를 너머에 있는 동료에게 넘겨주고 있습니다. 구레나룻이 무성한 사나이에게서 광주리를 받는 어부의 얼굴이 미소로 가득합니다. 그 바쁜 와중에도 담뱃대를 입에 문 한 어부는 담배 맛 삼매경에 빠진 듯이 배 바닥에 쪼그리고 앉아 있습니다. 질그릇에 유약을 바르지 않고 참나무 연기만을 씌워 만든 미끈한 독 두 개가 담뱃대를 문 사내 뒤에 놓여 있습니다. 배 꽁무니에서는 젊은 사내가 양손으로 노를 꽉 쥐고 배가 움직이지 못하도록 용을 쓰는 중입니다.

어살을 좀 더 자세하게 보겠습니다. 그림에서 보이듯이, 생선이 들어올 수 있는 길을 지그재그 형태로 만든 후 맨 마지막에 사각형의 어장을 만들었습니다. 바닷물이 막 빠질 때 어살을 설치

서해안의 어살을 잘 묘
사한 조선시대 그림.
김홍도, 《단원풍속도첩》.

한 곳에는 미처 빠져나가지 못한 생선들이 걸려듭니다. 어부는
어살에 걸린 생선을 광주리에 담기만 하면 됩니다. 비록 자연의
힘을 빌려서 물고기를 잡는 방식이라 대량으로 잡을 수는 없었지
만, 더 자라야 할 어린 생선은 다 빠져나가고 다 큰 생선만 어살
에 걸립니다.

경상남도 사천시와 남해군 사이에서 멸치 잡는 데 사용하는
어구인 죽방렴(竹防廉)도 어살의 한 종류입니다. 충청도와 전라
도의 어촌에서는 '독살'이라고 부르는 돌로 어살을 만들었습니

다. 남해안 어촌에서는 이것을 '돌발'이라고 부릅니다. 해안이 육지 쪽으로 움푹 들어간 곳에서 넓어지는 바다 길목에 돌을 쌓아 막거나 갯벌에 돌로 낮은 둑을 만들어 독살을 설치합니다. 밀물 때 연안으로 휩쓸려온 생선들이 썰물 때 이 돌로 만든 벽에 갇혀서 빠져나가지 못하면 어민들은 걸어가서 손으로 잡거나 바구니에 쓸어 담았습니다. 하루에 두 번씩 밀물과 썰물이 교차하므로 물때를 잘 맞추어 갯벌에 나가면 손쉽게 생선을 잡을 수 있었습니다.

관청에서 어살을 설치한 어장을 관리했으므로 어민들은 '어전세(漁箭稅)'를 나라에 바쳐야 했습니다. 그래도 어살로 생선을 잡는 일은 먼바다로 나가서 자칫 살아 돌아오지 못하는 위험으로부터 안전했습니다. 이렇게 잡은 생선은 말리거나 소금에 절여서 서울을 비롯하여 소비처로 팔려나갔습니다. 생선을 소금에 절이는 일은 말리는 방법보다 어려웠습니다. 조선 시대만 해도 시멘트나 타일을 바닥에 깐 염전이 없었습니다. 간만의 차가 심한 서해안 갯벌에 밭을 만들고 바닷물이 들어오면 가두었다가 햇볕에 수분을 증발시켜 진한 바닷물을 만들었습니다. 진한 바닷물을 무쇠솥에 부어 나무로 불을 때서 소금 결정체를 만들어냈습니다. 소나무가 울창한 서해안의 어촌이라야 소금을 만들기가 수월했습니다. 따라서 생선을 소금에 절이는 것보다 말리는 편이 훨씬 경비가 적게 들었습니다.

앞에서도 소개했듯이 조선 후기 전어 잡이는 음력 3~4월에 산란하기 위해 갯가에 온 전어를 잡거나, 입하 즈음에 어살을 이용하여 잡아 말리거나 소금에 절여 유통했습니다. 가을에 먼바다로 나가면 기름기가 많고 고소한 큰 전어를 잡을 수 있었지만, 조선 후기에는 그것을 가능하게 할 만한 설비를 갖추고 있지 않았습니다. 그러니 '가을 전어'는 20세기 어업의 산업화가 이루어지고 나서야 즐길 수 있었습니다.

어업의 산업화

섬나라인 일본의 어민들은 일찌감치 먼바다로 나가서 생선을 잡는 어업에 적극적이었습니다. 특히 일본은 1868년 메이지유신을 통해 서양 문물을 받아들였고, 어업도 산업화했습니다. 어업의 산업화는 어선과 어로 방법의 기계화와 대량 어획이 가능한 어구를 확보함으로써 이루어졌습니다.

일본 어민들은 먼저 영국에서 시작된 산업혁명의 결과물인 기계식 방직공장에서 생산한 면사(綿絲)로 만든 그물을 사용했습니다. 면사로 만든 그물은 손으로 짠 실로 만든 그물보다 질기고 그물망도 촘촘하여 생선이 빠져나가기 어려웠습니다. 또 면사로 매우 크고 넓은 그물을 만들 수 있었으므로 그전과 달리 대형 그물을 사용하는 어법(漁法)을 구사할 수 있었습니다.

왼쪽이 건착망(Purse seine), 오른쪽이 저인망(Bottom trawl) 어법이다.

또 일본은 석유를 연료로 사용하는 이른바 '석유 동력어선'의
제작 기술을 서유럽에서 도입했습니다. 일본에서 이 동력어선이
처음 어로에 사용된 해는 1906년경입니다. 여러 차례 실패를 거
친 후 1910년대 후반이 되면 동력어선은 수산업의 대세가 되었
습니다. 19세기 말부터 한반도의 동해안 어촌을 장악한 일본 어
민들도 동력어선을 도입했습니다. 이 동력어선은 건착망(巾着網)
이나 저인망(底引網)이라고 불리는 어법에 가장 알맞은 도구였습
니다. '건착망'은 네모꼴의 큰 그물로 생선 무리를 둘러쳐 포위한
다음 그물의 발에 있는 죔줄을 죄어 생선이 아래로 빠져나가지
못하도록 한 뒤 잡아 올리는 어법입니다. '저인망'은 그물을 큰

자루처럼 만들고 자루 입구 양쪽에 날개그물을 단 다음 기다란 끌줄로 아랫자락이 바다 밑바닥에 닿도록 하여 바닥에서부터 생선 떼를 싹쓸이하는 어법입니다.

일본 어민들은 이와 같은 산업화된 어업 기술로 일본인들이 좋아하는 등푸른생선인 정어리나 멸치, 까나리, 전갱이, 고등어 등을 대량으로 잡았습니다. 전어도 이렇게 잡으면 먼바다로 나가서 다 자란 것을 잡을 수 있습니다. 하지만 앞에서도 말했듯이, 일본인은 전어를 즐기지 않습니다. 그렇다고 전어를 잡지 않은 것은 아닙니다. 당시 기업적 수산업자들은 등푸른생선을 오로지 먹기 위해서 잡지 않았습니다. 등푸른생선에는 어유(魚油)가 풍부해 이것으로 등을 밝히거나 비누를 만들기도 했습니다. 생선에서 기름을 뺀 나머지를 가공한 어비(魚肥)는 농사의 비료로도 쓰였습니다.

산업 식품, 전어

1920년대 이후, 기업적 수산업자들이 잡은 등푸른생선 중 전어도 있었으므로 전어가 서울의 시장에 나왔습니다. 조선 후기 영의정을 지낸 조두순(趙斗淳, 1796~1870)의 증손녀로서 집안 대대로 내려오던 서울 음식에 정통했던 조자호(趙慈鎬, 1912~1976)는 1939년 11월 4일자 《동아일보》 3면에 실린 〈명일(明日, 내일) '식

탁표')라는 칼럼에서 아침 식사 메뉴로 북어 껍질을 넣고 끓인 어
글탕과 무김치인 섞박지, 그리고 전어구이를 제안했습니다. 하지
만 같은 해에 조자호가 출간한 한글 요리책 《조선요리법(朝鮮料
理法)》에는 전어구이 요리법이 실려 있지 않습니다. 너무나 간단
한 요리법이라서 그랬을 것 같습니다.

식민지기 대표적인 요리책 중 하나인 《조선무쌍신식요리제
법》에는 전어구이 요리법이 나옵니다.

> 이것은 단지 구워 먹는 것뿐이니, 비늘 긁고 잘 씻어서 아무것도 바르지
> 말고 속까지 바싹 구워 더운 김이 날 때 먹으면 고소하고 바틋한 맛은
> 이 위에 오를 것이 없느니라.

여기에서 '바틋한 맛'은 전어구이의 맛이 매우 알맞다는 뜻입
니다. 요사이도 싱싱한 전어를 구했다면 내장을 제거하지 않은
채 비늘만 긁고 소금을 뿌린 다음 바로 석쇠에 올려 굽습니다. 19
세기 서울 전어구이의 전어는 이미 생산지에서 소금에 절여 온
것이었지만, 식민지기에는 날것도 유통되었던 모양입니다. 1920
년대에는 서해와 남해에서 서울을 잇는 철로가 개통되었고, 석유
를 연료로 사용하는 배도 있었고, 어선이 들어오는 항구에는 냉
동 얼음도 있었습니다. 얼음에 보관한 날 전어를 시장에 내놓는
것이 더 큰 이문을 남길 수 있었습니다.

그 때문인지는 몰라도 조자호는 《조선요리법》에 '전어회' 요리법을 적었습니다. 재료는 전어, 파잎, 참기름, 소금, 실고추입니다.

성하고 좋은 전어를 정히 다뤄서 대가리를 자르고, 뱃바닥을 잘라낸 후 반으로 쪼개서, 칼에 기름칠해서 얇게 저며 가늘게 채 친 후, 파잎을 곱게 조금만 채 쳐서 넣고, 실고추를 약간 섞고, 소금으로 간 맞추어 담아 놓습니다. 윤집을 찍어 먹습니다.

여기서 '윤집'은 '초고추장'으로, '윤즙'이라고도 불렀습니다. 오늘날에는 전어회를 주로 초고추장에 찍어 먹습니다. 경상남도 하동이나 사천의 삼천포에서는 온갖 채소와 더불어 고추장, 설탕, 식초, 고춧가루, 깨소금, 다진 마늘, 다진 생강 등을 넣은 양념장에 버무린 전어회무침을 먹기도 합니다.

조선시대 문헌에 따르면 '회'는 요리법에 따라 크게 생회(生膾)와 숙회(熟膾)로 나뉩니다. 생회는 날것을, 숙회는 익힌 것을 말합니다. 생회는 요리의 주재료에 따라 육회(肉膾)와 어회(魚膾)로 나뉩니다. 육회는 날 소고기로 만든 것입니다. 어회는 앞의 전어회무침처럼 익히지 않은 생선을 썬 것입니다. 숙회에는 고기나 생선을 데친 것과 미나리를 데친 강회, 두릅을 데친 두릅회 등처럼 채소를 이용한 것이 있습니다.

여기서 19세기 어회 요리법을 한번 살펴보겠습니다. 당시의 요리법을 적었을 것으로 여겨지는 《시의전서·음식방문》이란 한글 요리책에 나오는 어회의 주재료는 민어입니다.

민어 껍질 벗기고 살을 얇게 저며 가로결로 가늘게 썰어서 기름 발라 접시에 담고 겨자와 고추장, 윤즙은 식성대로 쓰라.

겨자나 고추장이나 초고추장 중에서 입맛에 따라 양념장을 하라는 말입니다. 앞에서 소개했듯이 오늘날 온갖 채소를 넣고 양념장에 버무린 전어회무침은 요리법이 진화한 것입니다. 동시에 공장에서 가공한 설탕이나 식초, 고추장 등의 산업 식품으로 인해 오늘날 한국인의 입맛도 변한 결과입니다.

즐겨 먹는 때가 바뀜을 알라

1760년에서 1840년 사이에 영국에서 시작된 기술의 혁신과 새로운 제조공정으로의 전환을 의미하는 산업혁명은 가정이나 지역사회에서 자급자족하던 음식을 산업 식품으로 바꾸어놓았습니다.

19세기 초반 영국에서 1단계 산업혁명이 완료되었지만, 한국은 1980년대에 와서야 마무리되었습니다. 한국에서의 산업화된 수산업 또한 1980년대에 완성되었습니다. 석유를 이용하는 동력어선과 석유화학제품인 나일론으로 만든 그물이 도입되면서 전어 또한 '입하 전어'에서 '가을 전어'로 먹는 시기가 바뀌었습니다.

잔치국수의 멸치도, 과메기의 주재료인 청어와 꽁치도, 명란젓을 만들 수 있는 명태도 전어와 비슷한 역사적 과정을 거쳤습니다. 음식의 역사를 공부할 때 이러한 '근대적 변화'에 주목하지 않으면 많은 역사적 사실을 놓칠 수 있습니다.

10강

설날 음식은 떡국?

knowhow 10
언제부터 전 국민이 먹었을지 생각하라

～～～～～～～～～

열 번째 음식 공부는 명절 음식이라도 전 국민이 먹게 된 지 오래되지 않았다는 가설에서 출발합니다. 떡국도 송편도 전국적인 음식으로 자리 잡은 것은 그다지 오래되지 않았습니다. 어떤 음식이 전국적으로 소비되려면 정부의 행정력이 섬이나 산골의 오지 마을까지 미쳐야 합니다. 당연히 지금처럼 신문이나 텔레비전이 전국 어디에나 보급되어야 다른 지역의 명절 음식을 알 수 있습니다. 스마트폰이 일상용품이 된 오늘날에는 명절 때 다른 사람들이 무엇을 먹는지 실시간으로 알 수 있습니다.

1930년대 이전에 태어난 어르신에게 여쭈어보아도 떡국이나 송편, 팥죽, 삼계탕 같은 명절 음식이나 계절 음식을 누구나 먹지 않았음을 확인할 수 있습니다. 너무나 당연한 듯해서 의문을 품지 않았지만, 사실 최근에 와서야 당연한 일이 된 것입니다. '균질(homogeneity)'이란 말은 화학 용어입니다. 곧 하나의 물질에서 어느 부분을 취해도 성분이나 특성이 일정함을 말합니다. 외국인이 설날 전국의 어디를 가도 떡국을 먹는 한국인을 만난다면 이것이 바로 '균질'입니다. 음식의 역사를 연구할 때 전 국민이 같은 이름의 음식을 같은 날 모두 먹지 않았음을 염두에 두고 사료를 살펴야 합니다. 특정한 음식이 어떤 과정을 거쳐 전 국민이 모두 먹는 '균질 음식'이 되었는지 밝힐 수 있기 때문입니다.

한국인에게 음력 1월 1일 설날에 무슨 음식을 먹냐고 물으면 대부분 '떡국'이라고 답할 것입니다. 초등학교 교과서에서도 그렇게 소개하고 있습니다. 그러니 떡국이 어떤 음식인지 설명하지 않아도 모두 잘 알 듯합니다. 지금이야 '떡국떡'을 사다가 집에서도 쉽게 만들어 먹을 수 있습니다. 하지만 1980년대 후반까지만해도 설날을 앞두고 집에서 멥쌀을 물에 불린 다음 그것을 들고 떡집에 가서 가래떡을 만들어 와야 했습니다. 설에 먹는다고 '떡국떡'을 '설떡'이라고도 불렀습니다. 떡집이 생기기 전에는 집에서 가래떡을 손으로 직접 만들었습니다. 예전에 가정에서 떡국떡 만들던 과정을 한번 살펴보겠습니다.

먼저 물에 불린 멥쌀을 절구에 넣고 공이로 찧어 가루를 내고, 이 멥쌀가루를 시루에 안치어 쪄냅니다. 시루는 바닥에 구멍이 나 있는 질그릇입니다. 무쇠솥에 물을 붓고, 그 위에 시루를 꼭 맞추어 올립니다. 불을 때서 솥의 수증기를 시루로 보내야 하니 멥쌀가루 반죽이나 밀가루 반죽을 솥과 시루가 맞닿은 부분에

떡을 만들 때 사용하는 안반(위)과 떡메(아래).

꼼꼼하게 붙입니다.

그다음 시루 속의 멥쌀가루가 익으면 이것을 마당에 놓아둔 안반(案盤) 위에 쏟아 붓습니다. 안반은 가로 1미터, 세로 1.5미터, 두께 15~20센티미터쯤 되는 나무 판입니다. 안반의 네 귀퉁이에는 짧은 다리가 붙어 있습니다. 지역에 따라 그 크기와 모양새가 다르기도 했습니다. 떡을 만드는 데 사용한다고 '병안(餠案)'이라고도 부릅니다. 안반 위에 놓인 시루에서 쪄낸 떡덩이를 힘 좋은 사람이 떡메를 들고 마치 장작 패듯이 쳐야 합니다. 떡메는 지름이 약 15센티미터, 길이가 약 20센티미터인 둥글고 기름한 나무토막 가운데에 긴 자루를 붙인 공이입니다. 떡에 전분이 생겨 풀처럼 손에 쩍쩍 달라붙는 정도가 될 때까지 떡메로 셀 수

1928년 1월 20일자
《동아일보》2면에 실
린 음력설 전날 설떡
치는 광경.

없을 정도로 칩니다.

그다음 찰진 떡을 손으로 가래떡 모양으로 만듭니다. 여전히 떡 반죽은 뜨끈합니다. 이것을 미끈하면서 길쭉한 가래떡으로 만들려면 찬물에 손을 담가가며 손으로 쭉쭉 늘여야 합니다. 이렇게 만든 가래떡이 식어서 굳으면 칼로 어긋나게 썰어서 떡국떡을 완성합니다.

직접 해보면 시간도 힘도 많이 들어 무척 힘듭니다. 1950년대 이전만 해도 음력설 무렵이면 그전 해 가을에 수확한 멥쌀도 넉넉하지 않았습니다. 그럼에도 불구하고 설날에 소고기나 꿩고기나 생선 등으로 만든 국에 떡국떡을 넣고 끓인 떡국을 먹고 한 해의 시작을 축하했습니다. 초등학교 학생을 대상으로 명절 이야기를 소개한 한 책에서는 설날의 표제어로 "나이 한 살에 떡국 한 그릇"이란 문구를 뽑았습니다. 그렇다면 옛날에도 모든 한국인이 설날 음식으로 떡국을 먹었을까요? 지금과 달리 예전에도 그랬을지 의문이 듭니다.

나는 금년에 떡국을 먹지 않았으니 한 해를 얻은 셈이요

제가 가진 이 의문에 대한 답을, 조선 후기 "붓끝에 혀가 달렸다"라고 할 만큼 자신이 본 장면을 마치 사진처럼 생생하게 묘사하는 글재주를 지녔던 이옥(李鈺, 1760~1815)이 알려줍니다.

우리나라 풍속에 떡국 그릇으로 나이를 계산하는데, 나는 금년에 떡국을 먹지 않았으니 한 해를 얻은 셈이요, 너는 지금까지 세월을 헛먹은 것이다.

도대체 이옥은 어디 있었길래 설날에 떡국을 먹을 수 없었을까요? 또 이 글에서 '너'는 누구일까요? 사연은 이러합니다.

이옥은 지금의 경기도 화성이 고향으로 무반계의 서족(庶族) 출신입니다. 문반을 높게 쳤던 당시 사회 분위기에도 불구하고 이옥은 31세 때 생원시에 급제하여 성균관에 입학해 공부했습니다. 서얼을 차별하지 않은 정조 덕분이었습니다. 그런데 1792년 음력 10월 17일에 이옥이 쓴 답안지인 응제문(應製文)이 문제가 되었습니다. 정조는 "엊그제 유생 이옥의 응제 글귀들은 순전히 소설체를 사용하고 있었으니 선비들의 습성에 매우 놀랐다"라며 크게 꾸짖었습니다.

이옥은 정조의 큰 꾸지람을 듣고도 1795년(정조 19) 음력 8월에 치러진 시험에서 자신의 문체, 곧 소설체와 같은 글쓰기를 바꾸지 않았습니다. 이에 왕실에서는 이옥에게 군대에 가라고 명령했습니다. 조선시대 양반 사대부는 군대에 가지 않았습니다. 이옥의 출신 성분인 무반 서족도 군 면제를 받았습니다. 하지만 이옥은 결국 군인으로 근무하는 벌을 받았습니다. 그의 근무지는 지금의 경상남도 합천군의 삼가면이었습니다. 이옥은 삼가에 머물던 1796년 음력 2월에 서울에서 치러진 별시의 초시에 합격했습니다. 부친도 세상을 떠나 아예 삼가로 돌아가지 않았습니다. 이 일이 문제가 되어 이옥은 1799년 음력 10월에 다시 삼가로 끌려가다시피 내려갔습니다.

앞에서 소개한 설날임에도 떡국을 먹지 않았다는 이옥의 이야기는 바로 1800년 음력설에 삼가에서 있었던 일입니다. 이옥은 삼가에서 보고 듣고 경험한 것을 정조가 문제로 삼았던 소설체 한문으로 생생하게 적어놓았습니다.

삼가 사람들이 1799년 음력 12월 30일 "섣달 그믐날 정오(正

午)에 선대에 대한 제사를 지낸다"라고 했습니다. 서울 사람 홍석모가 1849년에 집필을 마친 《동국세시기》에는 "설날 집안 사당에 배알하고 제사 지내는 것을 차례(茶禮)라고 부른다"라고 적혀 있습니다. 그런데 이옥이 삼가에 와보니 서울과 달리 삼가 사람들이 음력 12월 30일인 섣달 그믐날 낮 12시에 차례를 모시는 모습을 본 것입니다. 게다가 그곳 사람들이 설날 차례상에 "떡국을 사용하지 않고, 밥과 국, 생선과 고기, 술과 과자를 차려놓"는 장면도 보았습니다.

섣달 그믐날 정오에 설날 차례를 모신 다음, 마을 사람들이 차례에 올린 술과 과일을 아이를 시켜 이옥에게 보냈습니다. "떡국 그릇으로 나이를 계산"한다는 말은 이옥이 심부름 온 아이에게 웃으면서 했던 말입니다. 고향 화성과 서울에서 주로 생활한 이옥의 입장에서 막 설날로 바뀌기 전날 한낮에 차례를 모시질 않나, 더군다나 설날을 상징하는 음식인 떡국도 마련하지 않으니 딴 세상에 와 있다고 느꼈을지도 모르겠습니다.

전국적으로 먹지 않은 떡국

이옥의 이종사촌인 유득공(柳得恭, 1748~1807)은 서울의 세시풍속을 기술한 책 《경도잡지(京都雜志)》의 저자입니다. 이 책에서 유득공은 설날 떡국에 관해 다음과 같이 언급했습니다.

멥쌀로 떡을 쪄서 치고 비벼 긴 가닥을 만들고, 굳기를 기다려 동전처럼 얇게 썰어서 끓이다가, 꿩고기, 후춧가루로 맛을 내는데, 설날 명절 음식 중 빠트릴 수 없는 것이다. 나이 먹은 것을 두고 "떡국을 몇 그릇째 먹었다"라는 말을 한다.

그러니 이옥이 삼가에서 설날에 떡국을 먹지 않는 모습을 보고 자신은 떡국을 먹지 않아 나이가 한 살 먹지 않은 것이요, 심부름 온 아이에게는 줄곧 설날에 떡국을 먹지 않았으니 나이를 먹지 않은 것이라고 했던 것입니다. 하지만 설날에 아예 떡국을 먹어본 적이 없던 그 아이가 이옥의 말을 제대로 알아들었을지는 의문입니다.

저는 몇 년 전 대학원에 다니는 제자들과 함께 설날 차례에 떡국을 올리는지, 떡국을 먹는지 등의 내용으로 여러 지역 출신과 인터뷰를 한 적이 있습니다. 경상북도 포항 출신인 팔순의 할머니는 1950년대 중반 김해로 이사하기 전까지 떡국이란 음식 자체를 몰랐다고 하셨습니다. 국립문화재연구소에서 전라남도의 세시풍속을 조사한 보고서를 보면, 순천·담양·장성·화순·영광·무안·영암 등지의 일부 마을에서는 설날에 떡국을 먹지도, 차례에 올리지도 않았다고 합니다. 제주도는 화산 토양이라 1970년대 이전만 해도 벼농사를 지을 수 없었습니다. 그러니 제주도 사람들은 제주도 말로 '정월 멩질'이라고 불리는 설날에 떡국을 먹지도, 차례에 올리지도 않았다고 합니다.

이를 통해 적어도 1950년 한국전쟁 발발 이전까지만 해도 전라남북도와 경상남북도의 해안에 가까운 지역과 제주도에서는 설날에 떡국을 먹지도, 차례에 올리지도 않았음을 확인할 수 있습니다. 최근에 돌아가셨지만 서울 중구의 오래된 만둣집의 평안도 출신 주인 할머니는 한국전쟁 때 대구로 피란 가서 설날에 만둣국을 만들어 이웃들에게 주었더니 이게 무엇이냐고 물었다는 경험을 한 방송 인터뷰에서 말했습니다. 북한 지역 역시 한국전쟁 전만 해도 설날에 떡국을 명절 음식으로 먹지 않았습니다.

이런 사실을 정리하고 보니, 서울과 경기도에서 동서남북으로 멀리 떨어진 지역일수록 설날에 떡국을 먹고 차례에 올리는 관습이 없었을 가능성이 커 보입니다. 설날 떡국과 관련된 조선 중기의 문헌을 좀 더 뒤져볼 필요가 생겼습니다.

조극선의 일기에 나타난 만둣국과 떡국

조선 중기 광해군과 인조 임금 때, 지금의 충청남도 예산군 덕산에서 주로 살았던 선비 조극선(趙克善, 1595~1658)은 15세인 1609년(광해군 1) 음력 12월 3일부터 1635년까지 약 27년간 쓴 독서일기를 《인재일록(忍齋日錄)》과 《야곡일록(冶谷日錄)》이라는 제목으로 남겨두었습니다. 독서일기지만 본인이 먹은 음식에 관한 기록도 간혹 보입니다.

조극선은 거의 매년 음력 1월 1일 아침에 집에 있는 사당에서 제사를 모시고, 집안사람들끼리 세배를 하고, 선조의 묘소가 있는 산에 가서 성묘했습니다. 설날 아침에 주로 먹은 명절 음식은 떡국이 아니라 만두(饅頭)였습니다. 그는 설날에 자기 집에서는 만두를 주로 먹었지만, 친척 집에 가서는 간혹 떡국도 먹었습니다. 그렇다고 만두를 설날에만 먹진 않았습니다. 음력 9월이나 10월, 11월이나 12월에도 만두를 먹었습니다.

조극선과 비슷한 시기에 서울에서 태어나 주로 서울에서 살았던 이식(李植, 1584~1647)은 설날 차례에 떡국과 만둣국을 한 그릇씩 올렸다는 글을 남겼습니다. 하지만 허균(許筠, 1569~1618)은 오늘날 조선 최초의 미식 책으로 인정받는 《도문대작(屠門大嚼)》에서 설날의 명절 음식으로 떡국을 언급조차 하지 않았습니다. 그래서 저는 17세기 초반 서울의 일부 가정에서는 설날 명절 음식이 기왕의 만둣국에서 떡국으로 바뀌고 있었다고 추정합니다. 조극선의 독서일기를 보아도 17세기 초반 이후 지방의 사대부 집안에서 서울의 설날 떡국을 모방하기 시작했을 가능성이 커 보입니다.

그렇다면 왜 이때 서울의 사대부 집안에서 설날에 만둣국을 떡국으로 바꾸었을까요? 만두는 본래 중국 음식입니다. 중국의 음식 역사를 보면, 송나라 때부터 밀 재배가 가능한 양쯔강 북부 지역인 화북을 중심으로 설날에 만두를 명절 음식으로 먹기 시작했습니다. 원나라 때에는 설날 만두를 먹는 것은 너무나 당연한 관습으로 자리 잡았습니다. 원나라와 교류가 잦았던 고려 말부터 개성을 중심으로 설날에 만두를 먹는 것이 새로운 유행이 되었습니다. 개성과 가까운 서울이 조선의 수도가 되면서 개성 출신 서울 사람들은 설날 차례상에 만둣국을 올리고 먹었습니다.

그런데 만두피를 중국식으로 빚으려면 밀가루가 필요합니다. 하지만 한반도는 겨울에 파종하여 7월 장마가 오기 전에 수확하는 겨울밀 재배 지역입니다. 생산되는 지역도 넓지 않았고 수확량도 많지 않았습니다. 그래서 어쩔 수 없이 만두피의 재료로 메밀가루를 사용했습니다. 조극선과 비슷한 시기를 살았던 장계향은 한글 요리책 《음식디미방》에 일반적인 만두 요리법을 적었습니다. 자세히 읽어보면 메밀로 피를 만든 메밀만두입니다. 《음식디미방》에 나오는 메밀만두의 피 만드는 법을 살펴보겠습니다.

메밀가루 장만하기를, 마치 좋은 밀가루같이 가는 모시나 비단에 여러 번 쳐서, 그 가루를 덜어 풀을 쑤되 율무죽같이 쑤어, 그 풀을 무르게 반죽하여 개암 열매만큼 떼어 빚어라.

문제는 메밀가루로 풀을 쑤어 만두피를 만들기가 여간 어려운 일이 아니라는 점입니다. 그래서 장계향은 "만두에 녹둣가루를 넣으면 좋지 아니하니라"라고 적어놓았습니다. 아마도 메밀가루로 풀을 쒀서 무르게 반죽하기가 어려워 여기에 녹둣가루를 넣었던 모양입니다. 하지만 녹둣가루를 넣은 만두피는 식으면 딱딱해집니다. 그래서 장계향이 녹둣가루를 넣으면 좋지 않다고 일러준 것입니다.

사실 메밀만두의 색은 멥쌀로 만든 흰색의 떡국떡보다 탁합니다. 조선시대 선비들은 청렴을 상징하는 흰색을 좋아했습니다. 홍석모는 떡국떡을 한자로 '백병(白餠)'이라고도 적었습니다. 한글로는 '흰떡'입니다. 흰떡은 밀가루로 만든 만두피의 만두와도 같은 색입니다. 18세기 이후, 서울의 사대부 집안에서는 설날 명절 음식으로 밀만두나 메밀만두를 대신하여 흰색의 떡국으로 바꾸었습니다. 그래서 16세기 말과 17세기 초반에 서울에서도 살았던 허균은 《도문대작》에서 떡국을 언급하지 않았지만, 18세기 후반에 서울에서 살았던 유득공은 설날 명절 음식으로 떡국을 꼽았던 것입니다.

17세기부터 서울에는 '경화사족(京華士族)'이라는 서울 명문가들이 자리를 잡았습니다. 지금으로 말하면 그들은 '강남부자'였습니다. 경화사족은 본래 지방에 근거지를 두고 있었습니다. 그런데 대를 이어가며 서울에서 벼슬을 하자 아예 서울로 이주한 집안입니다. 그래도 지방의 사대부가는 끊이지 않고 서울로 와서 벼슬을 했습니다. 서울 경화사족과 교류가 잦았던 지방의 사대부 집안에서는 서울의 설날 떡국을 모방했습니다. 하지만 서울의 풍습을 경험했지만 받아들이지 않은 지방의 명문가도 있었습니다. 그래서 경기도 화성 출신 이옥은 1800년 설날에 떡국을 명절 음식으로 여기지 않는 경상도 삼가의 어린이에게 "우리나라 풍속에 떡국 그릇으로 나이를 계산"하는 것이 있다고 일러주었던 것입니다.

떡국, 전국적인 균질 음식이 되다

1926년 2월 14일자 《동아일보》 5면에 실린 기사에서는 2월 13일 음력설의 서울 북촌 풍경을 이렇게 전했습니다.

> 초하룻날, 떡국이 팔릴 것 같지 아니하여 화동(花洞) 어떤 떡국집 주인에게 물어보았더니, "서울에 집이 있는 사람이야 누가 오늘 같은 날 떡국을 못 먹겠습니까마는, 오늘 떡국을 먹지 못하면 까닭 없이 섭섭하다 하여, 부모를 떠나 시골서 올라온 학생들의 주문이 하도 많기에 이렇게 문을 열었습니다. 그도 그럴 것이 아닙니까, 하숙집에서 떡국까지 끓여주는 집이 어디 쉽습니까" 하며 말을 한다.

이 기사에는 '오늘은 내 철이야!'라는 제목을 붙인 떡국집 배

오늘은 내 철이야!

1926년 2월 14일자 《동아일보》 5면에 실린 떡국집 배달원 모습.

달원의 사진도 실었습니다.

음력설을 두고 식민지기부터 논쟁이 많았습니다. 바로 기존의 음력 달력과 양력 달력 사이에 생긴 갈등입니다. 조선 왕실에서는 조선을 짓쳐들어오던 서양을 배우겠다고 1896년 1월 1일부터 기존의 음력을 폐지하고 서양의 양력을 채용했습니다. 하지만 사람들은 일상생활에서 양력을 거의 사용하지 않았습니다. 조선총독부도 근대화를 내세워 양력을 강요했지만, 일반인들은 쉽게 받아들이지 않았습니다. 대한민국 정부 수립 이후에도 정부에서는 음력설을 공휴일로 지정하지 않는 정책으로 양력설만 쇠도록 강제했습니다. 하지만 사람들은 오래된 관습을 바로 바꾸지 않았습니다.

결국 양력설과 음력설을 모두 쇠는 사람들이 늘어났습니다. 정부에서는 이러한 양상을 이중과세(二重過歲), 곧 두 번이나 설을 쇤다고 비판했습니다. 1960년대 박정희 정부는 이중과세를 폐지하고 양력설만 쇠도록 강력한 정책을 펼쳤습니다. 그 과정에서 설날의 떡국차례와 떡국 먹기가 정부의 캠페인과 언론을 통해서 널리 알려졌습니다. 1970년대가 되면 떡국이란 음식 자체를 몰랐던 남부 지역의 가정에서도 양력설에 떡국을 먹고, 음력설에 이웃 몰래 '메차례'를 올리는 일도 있었습니다. 이 과정에서 18세기 서울의 설날 떡국은 20세기 후반에 와서 전국의 떡국이 되었습니다.

언제부터 전 국민이 먹었을지 생각하라

1990년대 초반 냉전체제가 해체되면서 지구촌 전체가 하나의 정치적·경제적·문화적 체계 속에 묶이는 세계화의 시대가 열렸습니다. 세계화 과정에서 지구촌이 문화적으로 같아지는 현상을 '문화적 균질화(cultural homogenization)'라고 합니다. 저는 한반도가 오랫동안 정치적으로 하나의 체계 속에 묶여 있었지만, 음식의 문화적 균질화는 20세기 이후, 특히 한국전쟁 이후 급속하게 진행된 산업화와 도시화를 통해 진행되었다고 봅니다.

한반도 전체를 놓고 보면, 적어도 19세기까지 남쪽의 제주도와 북쪽의 함경도와 평안도, 그리고 동해안과 서해안, 남해안에 인접한 지역들에는 나름대로 특색을 지닌 지역 음식이 있었습니다. 1970년 7월 7일 경부고속도로 개통으로 전국이 일일생활권 안에 들어옴으로써 문화적 균질화의 시작을 알렸습니다. 정부와 언론에서는 '향토 음식'에 대한 관심을 갖기 시작했습니다. 향토 음식이 마치 지역적 특색을 강하게 지닌 듯하지만, 사실 전국적인 문화적 균질화라는 블록의 하나에 지나지 않을 수 있습니다.

떡국은 본래 서울 지역의 설날 음식이었습니다. 우리가 '한국 음식'이라고 부르는 것 중에 떡국과 비슷하게 특정한 지역 음식이 전국을 대표하는 음식으로 자리 잡은 것이 적지 않습니다. 음식의 역사를 연구할 때, 지역 음식의 전국적 균질화 과정을 꼼꼼하게 살펴야 합니다. 그래야 아무런 의심 없이 오래된 음식이라고 믿었던 균질 음식의 가면을 벗겨낼 수 있습니다.

전주비빔밥의 유행은

서울에서부터?

knowhow 11
유명해진 곳이 어딘지 찾아라

~~~~~~~~~~~~

열한 번째 음식 공부는 특정 음식이 유명해진 장소가 반드시 그 음식의 기원지가 아닐 수 있다는 것입니다. 일부 종교학자는 세계 종교인 불교와 이슬람교가 지역마다 약간씩 다른 양상으로 나타나는 현상을 '피자 효과(pizza effect)'라고 부릅니다. 피자는 1900년대 미국 동북부 도시의 이탈리아인 거주 지역에서 판매되기 시작했습니다. 이탈리아에서 피자는 제2차 세계대전 이후 나폴리라는 지역을 넘어서 북부 지역과 유럽의 다른 나라로 막 퍼져나갈 참이었습니다. 그즈음 미국에서도 피자는 이탈리아인의 거주 지역을 벗어나 전국으로 퍼져나가고 있었습니다. 미국에서의 피자 유행은 나폴리 출신의 이탈리아 노동자들이 19세기 말에 이주하여, 자기들끼리 먹다가 가게를 내고 이웃에 팔면서 생긴 결과입니다. 미국에 적응한 미국식 피자, 곧 '피자 아메리카나(pizza americana)'는 요리법이나 종류에서 나폴리식과 많이 다릅니다. 제2차 세계대전 때 이탈리아에 주둔한 미군들에 의해 미국식 피자가 이탈리아에 알려졌습니다. 이후 피자는 이탈리아의 국민 음식(national dish)이 되었습니다. 대부분의 '국민 음식'과 '글로벌 음식(global food)'은 지역적 경계를 넘어 정치·경제·문화의 중심지로 이동하여 유명해진 경우가 많습니다.

오늘날 한국에서 비빔밥 하면 전주입니다. 저는 2005년 가을에 전주시에서 주최한 '전주 한식 포럼'에 참석해 토론한 적이 있습니다. 종합 토론 시간 때 전주의 한 비빔밥 전문점 대표가 저에게 "전주비빔밥의 기원이 궁중 음식에 있"음을 밝혀달라고 요청했습니다. 만약 역사적 근거를 찾을 수만 있다면 그런 주장이 가능하겠지만, 당시 저는 그와 관련한 사료를 찾지 못했으므로 요청을 받아들일 수 없다고 답변했습니다. 지금까지도 저는 전주비빔밥이 조선 시대 왕실에서 먹었던 음식에서 유래한다는 문헌 기록을 찾지 못했습니다.

조선시대 문헌에서는 비빔밥을 '골동반(骨董飯 또는 汨董飯)' 혹은 '교반(交飯)'이라고 적었습니다. 저는 2012~2013년 2년 동안 여러 분야의 학자들과 함께 조선시대 왕실 문헌에서 음식과 관련된 기록들을 정리하는 프로젝트를 수행한 적이 있습니다. 이 프로젝트에서 저는 골동반이나 교반을 기록한 문헌을 찾지 못했습니다. 조선시대 전주는 지금의 전라남북도와 광주시를 아우르던 전라도의 중심 도시였으므로 전라도 관찰사가 머물렀던 곳입니다. 관찰사가 주최한 공식 연회의 상차림은 비록 왕보다 한 급 낮춘 규칙을 따랐지만, 음식의 종류는 왕실과 거의 비슷했습니다.

서울·평양·해주·진주 등을 골동반으로 이름난 곳으로 꼽는 19세기와 20세기 초반의 문헌이 있습니다. 이곳들은 조선 후기에 정치·행정·경제·군사의 중심지였습니다. 당연히 관찰사급의 고위직 관리가 머물던 곳이기도 했습니다. 이런 곳의 골동반이 유명했다는 기록은 관아에서 방문객에게 맛있는 골동반을 제공해 주었음을 짐작하게 합니다. 따라서 전주비빔밥은 조선시대 왕실에서 전해진 것이 아니라, 전주의 관아에서 관찰사를 찾아온 식객들에게 제공한 왕실 방식의 음식이었을 가능성이 커 보입니다.

골동반 요리법

그렇다면 조선 후기의 골동반은 어떻게 만들었을까요? 현재까지 비빔밥 만드는 법을 소개한 가장 오래된 요리책은 한글 필사본 《시의전서·음식방문》입니다. 이 요리책은 19세기에 쓰였을 것으로 짐작되는데, 지금 전하는 책은 20세기 초반에 대구의 인쇄소에서 제작한 상주군청의 문서에 옮겨 적은 것입니다. 이 책에는 비빔밥을 한자로 '汨董飯', 한글로 '부븸밥'이라고 적어놓았습

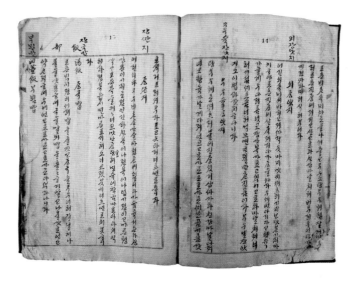

비빔밥 요리법이 실린 가장 오래된 요리책인 《시의전서·음식방문》.

니다. 이 책에 소개된 '부븸밥' 만드는 법은 다음과 같습니다. 한 번 소리 내어 읽어보겠습니다.

밥을 정히 짓고 고기 저며 볶아 간납 부쳐 썰어라. 각색 나물 볶아 넣고, 좋은 다시마튀각 튀겨 부숴 넣고, 고춧가루와 깨소금, 기름 많이 넣고 비비어 그릇에 담아, 위에는 잡탕거리처럼 계란 부쳐 골패짝만큼 썰어 얹고, 완자는 고기 곱게 다져 잘 재워 구슬만하게 빚어 밀가루 약간 묻혀 계란 씌워 부쳐 얹나니라. 비빔밥 상에 장국은 잡탕국으로 하여 놓나니라.

이해하기 쉽게 지금의 말로 설명해보겠습니다. 밥을 정성 들여 지어 바닥이 평평하고 높이가 낮은 큰 놋그릇에 담습니다. 소고기는 얇게 저며 볶습니다. 간납은 한자로 '간납(肝納)'이라고 씁니다. '간납'은 다지거나 얇게 저미거나 꼬치에 꿴 육류, 어패류, 채소류 등의 재료에 밀가루를 묻힌 다음 달걀을 입혀 기름에 지진 '전'입니다. 소고기를 저민 간납은 요사이의 '육전'이라고 생각하면 됩니다. 육전을 밥 위에 올립니다. 또 여러 가지 나물도 볶아서 넣습니다. 튀각은 말린 다시마나 미역, 파래 따위를 끓는 기름에 튀긴 음식입니다. 여기서는 다시마튀각이라고 했습니다. 이것을 부숴 넣습니다. 고춧가루와 깨소금, 참기름을 많이 넣어 비빕니다. 이것을 놋으로 만든 밥그릇인 주발(周鉢)이나 사기(沙器)로 빚은 밥그릇인 사발(沙鉢)에 담습니다. 그 위에 달걀을 부쳐 길게 썰어 올리고 구슬 크기의 소고기 완자도 올립니다.

식민지기 이화여전의 가정과 교수였던 방신영이 쓴 《조선요리제법》 1921년판에도 '부빔밥', 즉 비빔밥 요리법이 나옵니다.

먼저 밥을 되직해지게 지어 큼직한 그릇에 퍼놓고, 무나물, 콩나물, 숙주나물, 도라지나물, 미나리나물, 고사리나물 들을 만들어서, 먼저 무나물과 콩나물을 솥에 넣고 그 위에 밥을 쏟아 넣은 후 불을 조금씩 때서 덥게 하고, 누르미와 산적과 전유어를 잘게 썰어 넣고, 또 각색 나물들을 다 넣은 후 기름과 깨소금을 치고, 젓가락으로 슬슬 저어 비벼서 각각 주발에 퍼 담은 후에 누르미, 산적, 전유어를 잘게 썰어 가장자리로 돌려 얹고, 또 그 위에 튀각을 부스러뜨리고 팽란을 잘게 썰어 얹은 후, 알고명을 잘게 썰어 얹고 고춧가루와 깨소금을 뿌려놓느니라. 그러나 이것은 겨울이나 봄에 먹는 것이요, 혹 여름에도 이와 같이 하기는 하나 호박과 외를 잘게 쳐서 기름에 볶아서 위에 얹느니라.

《조선요리제법》 1921년판에 실린 비빔밥 요리법.

이 요리법은 《시의전서·음식방문》의 것과는 많이 다릅니다. 솥의 밑바닥에 무나물과 콩나물을 깔고 그 위에 밥을 올리고 아주 약한 불로 솥을 데웁니다. 여기에 소고기, 생선, 채소의 표면에 밀가루를 묻히고 달걀을 입힌 다음 기름에 부친 음식인 누르미와 산적, 전유어를 잘게 썰어서 넣습니다. 미리 준비해둔 숙주나물, 미나리나물, 고사리나물 등도 넣습니다. 참기름과 깨소금을 뿌린 다음 젓가락으로 천천히 비빕니다. 이 재료들은 아직도 약한 불의 솥에 들어 있음을 기억하길 바랍니다. 그렇다고 남은 양념에 밥과 잘게 썬 배추김치와 양념 김을 넣고 볶아낸 요사이 볶음밥과 비슷하다고 생각하면 안 됩니다.

밥을 주발에 담은 다음 그 위에 다시 잘게 썬 누르미, 산적, 전유어 조각을 빙 둘러가며 놓습니다. 그리고 부스러트린 튀각을 뿌립니다. 달걀 삶은 것과 달걀의 흰자와 노른자를 갈라서 따로따로 부친 알고명도 잘게 썰어 밥 위에 장식합니다. 마지막으로 고춧가루와 깨소금을 뿌리면 방신영식 부빔밥이 완성됩니다.

《시의전서·음식방문》의 부빔밥과 《조선요리제법》의 부빔밥이 그릇에 담겨 상에 차려진 모습을 상상해보면 예술품처럼 아름답기까지 합니다. 흰 멥쌀밥과 각종 재료가 어우러져 꽃밭처럼 보입니다. 갖가지 나물에 참기름과 깨소금도 들어갔고 달걀 고명도 올렸습니다. 머릿속에 그리기만 해도 입속에 침이 가득해집니다.

음식점의 메뉴가 된 비빔밥

《조선요리제법》뿐만 아니라 식민지기에 출판된 요리책 대부분에도 비빔밥 요리법이 나옵니다. 그런데 여기서 놓치면 안 되는 사실은 《시의전서·음식방문》이나 《조선요리제법》에 적힌 비빔밥 만드는 법 모두가 집에서도 만들 수 있는 요리법이라는 점입니다. 식민지기에 서울의 음식점에서도 비빔밥을 판매했다고 합

서울에 비빔밥 전문 음식점이 있다고 소개한 1912년 12월 18일자 《매일신보》 3면의 기사.

니다. 1912년 12월 18일자 《매일신보》 3면에 실린 〈상점평판기: 조선요리점의 시조 명월관〉이란 제목의 기사에 따르면 1900년대부터 서울에 전골집, 냉면집, 장국밥집, 설렁탕집과 함께 비빔밥집도 생겼습니다.

하지만 당시 서울의 비빔밥집에서 어떻게 비빔밥을 만들었는지를 알 수 있는 구체적인 자료가 아직 발견되지 않았습니다. 그래도 다행인 것은 1929년 12월 1일에 발행된 잡지 《별건곤》 제24호에 실린 〈진주명물(晉州名物) 비빔밥〉이란 글이 약간의 단서를 제공해줍니다. 다시 한번 기억해야 할 점은 《별건곤》에 실린 기사의 제목에 나오는 도시는 '전주'가 아니라 경상남도의 '진주'

입니다. 기사의 양이 많으므로 끊어가면서 읽어보겠습니다.

맛나고 값 헐한 진주비빔밥은 서울비빔밥과 같이 큰 고깃점을 그냥 놓은 것과 콩나물 발이 세 치나 되는 것을 넝쿨지게 놓은 것과는 도저히 비길 수 없습니다.

이 글을 통해 서울비빔밥에는 큰 소고기 덩어리가 들어갔음을 알 수 있습니다. 서울 말고 다른 지역의 비빔밥에는 콩나물이 많이 들어간다는 사실도 알 수 있습니다. 그렇다면 진주비빔밥은 어떨까요? 이어서 읽어보겠습니다.

하얀 쌀밥 위에 색을 조화시켜서 가느다란 새파란 야채 옆에는 고사리나물, 또 옆에는 노르스름한 숙주나물, 이러한 방법으로 가지각색 나물을 둘러놓은 다음에, 고기를 잘게 익혀 끓인 장국을 부어 비비기에 적당할 만큼, 그 위에는 유리 조각 같은 황(黃) 청포 서너 사슬을 놓은 다음, 옆에 육회를 곱게 썰어놓고, 입맛이 깔끔한 고추장을 조금 넣습니다.

어떻습니까? 앞에서 소개한 《시의전서·음식방문》과 《조선요리제법》의 비빔밥 요리법과는 조금 다르지 않습니까? 밥에 여러 가지 재료를 넣고 먼저 비벼서 주발에 담는 방법이 아닙니다. 밥을 그릇에 담고 그 위에 서로 다른 색을 지닌 나물을 빙 둘러놓습니다. 여기에 소고기로 끓인 장국을 조금 붓습니다. 그래야 비빌 때 좋습니다. 다시 위에 치자 물을 들여 쑨 청포묵을 서너 줄 놓습니다. 청포묵 옆에는 길게 썬 육회를 가지런히 놓습니다. 마지막으로 입맛을 깔끔하게 해주는 고추장도 넣습니다.

이 진주비빔밥은 요즘으로 치면 '육회비빔밥'입니다. 위의 글을 쓴 필자의 이름은 '비봉산인(飛鳳山人)'이라고 적혀 있습니다. 비봉산은 지금도 진주 시내의 동북에 자리하고 있는 산입니다. '비봉산인'은 본명이 아닙니다. 이 기사가 실린 《별건곤》 제24호에는 진주비빔밥뿐만 아니라 서울설렁탕, 대구식으로 끓인 장국밥인 대구탕반, 전주의 콩나물국밥인 탁백이국, 개성의 편수, 신선로 등 당시 전국에서 이름난 지역 음식에 관한 글이 실려 있습니다. 이 기사들의 필자는 대부분 그 지역 출신으로, 본명이 아닌 필명을 썼습니다. 비봉산인은 진주비빔밥이 좋은 음식임을 강조하며 글을 마무리했습니다.

여기에 일어나는 향취는 사람의 코를 찌를 뿐 아니라 보기에 먹음직합니다. 값도 단돈 10전, 상하 계급을 물론하고 쉽게 배고픔을 면할 수 있는 것입니다. 이렇게 소담하고 비위에 맞는 비빔밥으로 길러진 진주의 젊은이들은 미술의 재질이 많은 것입니다. 또한 의기(義氣, 임진왜란 당시 의기(義妓)로 알려진 논개의 의로운 기운을 상징)의 열렬한 정신을 길러주는 것입니다.

비빔밥은 1910년대 이후 육회비빔밥이란 모습으로 서울과 진주 등지의 음식점에서 인기 있는 메뉴가 되었습니다. 1910년대 서울과 진주를 비롯한 전국의 주요 도시에서는 5일마다 소를 사고파는 우시장이 열렸습니다. 비록 지금처럼 냉동시설이 없던 시절이지만, 큰 우시장이 열렸던 도시의 정육점에서는 비빔밥집에 육회용 소고기를 공급해주었습니다. 이 소고기 육회는 비빔밥 위에 올려져 가정식 비빔밥과는 확연히 다른 육회비빔밥으로 새롭게 태어났습니다.

1960~1970년대 전주비빔밥

저는 2005년 전주 한식 포럼에서 앞의 《별건곤》 기사를 알렸습니다. 전주의 탁백이국 기사도 함께 소개했습니다. 하지만 제 발표를 들은 지역민들의 표정은 그다지 밝지 않았습니다. 포럼이 끝나고 나서, '진주'가 아니고 '전주'였으면 참 좋았겠다고 아쉬움을 표현한 분도 있었습니다.

1971년에 당시 문화재관리국(지금의 문화재청)에서 펴낸 《한국민속종합조사보고서》 제2책 '전라북도 편'에는 전주비빔밥 요리법이 나옵니다. 이 요리법은 한국 식품사 연구의 제1세대인 황혜성이 1969년에 전주에서 직접 조사하여 집필한 것입니다.

비빔밥을 하려면 밥은 고슬고슬하게 지어놓고, 콩나물, 숙주, 시금치는 데쳐서 양념장에 무친다. 고사리는 볶은 나물로 하고, 청포묵도 양념장으로 무친다. 소고기는 육회로 무치는 게 좋으나 볶기도 한다. 원래는 부엌에서 각색 나물과 엿고추장, 육회, 깨소금, 참기름으로 맛있게 무치고 청포묵을 얹어서 내는 것인데, 실제로는 밥을 푼 위에 각색 나물을 보기 좋게 얹고 고추장, 육회, 청포묵, 달걀까지 얹어 내면, 먹는 사람이 비벼서 먹도록 한다. 비빔밥에는 맑은장국과 고들빼기김치가 따라야 더욱 맛이 난다.

1969년의 전주비빔밥에는 청포묵과 소고기 육회, 날달걀이 들어갔습니다. 육회를 올린 것은 1929년 《별건곤》에 소개된 진주비빔밥과 같습니다. 다만 날달걀은 앞선 요리책에는 나오지 않습니다. 지금이야 달걀이 귀한 음식이 아니지만, 1960년대만 해도 비싸서 특별한 날이 아니면 먹기가 어려웠습니다. 그런데 전주비빔밥집에서는 달걀노른자를 넣어주었습니다. 당시 전주 사람들은 음식에 날달걀 넣는 것을 매우 좋아했습니다. 콩나물해장국과 비빔밥에도 넣었습니다. 온갖 재료를 밥 위에 올리고 한가운데에 달걀노른자를 올리면 비빔밥의 색이 무척 아름다웠을 것입니다. 하지만 비빔밥에 날달걀을 넣으면 나물을 비롯하여 다른 재료가 지닌 맛을 느끼기가 어렵습니다.

원래 전주에서 비빔밥은 시장에서 파는 간단한 음식이었습니다. 1960년대 중반부터 육회비빔밥을 판매하는 한식 음식점이 한둘씩 생겨났습니다. 1960년대 후반에는 네다섯 집으로 늘어났습니다. 이 전주비빔밥집들에서는 서로 차별화를 꾀하려고 달걀 노른자를 육회비빔밥 가운데에 올렸던 것입니다.

1970년대 후반에 전주비빔밥의 밥이 맛있는 것은 소머리나 양지머리를 푹 끓여낸 육수로 밥을 지었기 때문이라고 소문이 났습니다. 육수를 식혀서 굳은 기름을 걷어냈지만 맑은 육수에 쌀을 넣고 지은 밥이 얼마나 좋았을까는 의문입니다. 전주비빔밥집 주인들을 많이 인터뷰한 저의 제자 양미경 박사는 맑은 육수로 지은 밥을 쓰는 전주비빔밥의 개발을 두고 이런 비화를 알려주었습니다. 전주에서 가장 오랫동안 비빔밥집을 운영한 아주머니가 농담으로 "소머리 고아서 해줘?" 했던 말이 잘못 전해져서 그랬답니다. 전주비빔밥의 차별화 전략도 너무 나갔던 것입니다.

서울에서 전주비빔밥이 전국 음식이 되었다

1980년대 후반 제가 조사하러 전주에 갔을 때만 해도 연세가 많으신 전주 분들은 음식점에 가서 비빔밥을 사 먹지 않는다고 했습니다. 그까짓 것 집에서도 쉽게 만들어 먹을 수 있다는 이유에서였습니다. "육회는 어떻게 구합니까?"라고 여쭈면 정육점에 부탁하거나 아예 넣지 않아도 괜찮다고 했습니다. 그래선지 당시 전주에 있던 이름난 비빔밥 전문점에 가면 손님 대부분은 타지에서 온 관광객이었습니다. 전주 사람들은 즐기지 않는 전주비빔밥이 어떻게 유명해졌을까요?

전주비빔밥이 유명해진 곳은 전주가 아니라 서울입니다. 식민지기의 자료를 보면, 전주는 식재료가 신선하고 음식이 맛깔스러운 곳이라고 했습니다. 이런 평가는 해방 이후에도 이어졌습니다. 1974년 서울의 한 대형 백화점에서 '팔도강산민속물산전'이란 기획행사를 개최하면서, 전주의 한 비빔밥집을 초청했습니다. 그 전주비빔밥집은 행사가 끝난 이후 그 백화점에 입점하게 되었습니다. 1979년 또 다른 서울의 대형 백화점에서도 비슷한 기획행사를 열었고, 또 다른 전주의 비빔밥집이 초청을 받았습니다. 이 비빔밥집도 1980년에 그 백화점에 입점했습니다. 또 1969년에 전주에서 돌솥비빔밥을 개발했던 한 전주비빔밥집은 1981년에 서울 명동에서 문을 열었습니다.

1970년대만 해도 전주의 이름난 비빔밥집에서는 비빔밥과 함께 약 20가지의 반찬이 나왔습니다. 서울의 대형 백화점에 입점한 전주비빔밥집에서도 처음에는 전주의 상차림이 재현되었습니다. 그랬으니 서울의 전주비빔밥집 앞에 손님들이 장사진을 쳤습니다. 이런 일들로 인해 서울 사람들은 비빔밥 하면 '전주비빔밥'을 첫손으로 꼽았던 것입니다.

유명해진 곳이 어딘지 찾아라

진주비빔밥은 식민지기의 잡지에 소개될 정도로 서울 지식인들의 입에 오르내린 지역 음식입니다. 당시에 문을 연 한 진주의 비빔밥집은 지금도 같은 자리에서 영업 중입니다. 하지만 1990년대만 해도 진주가 고향이 아닌 사람들 대부분은 진주비빔밥의 존재 자체를 알지 못했습니다.

진주비빔밥과 달리 전주비빔밥은 1960년대부터 전주의 다양한 한식과 함께 서울의 오피니언리더들에게 많이 알려져 있었습니다. 그만큼 외지인의 전주비빔밥 인지도가 높았던 것입니다. 또 한 가지 주목해야 할 사실은 1960년대 이후 서울에 사는 전라북도 사람들이 적지 않았다는 점입니다. 서울로 이주한 그들은 같은 동네에 모여 살거나, 정기적으로 고향 음식을 판매하는 음식점에 모여서 음식을 통해 지역적 동질성을 확인했습니다. 그러자 전라북도 출신이 아닌 서울 사람 중에서도 전주 음식점의 단골이 된 사람이 적지 않았습니다.

전주비빔밥이 전국적인 음식으로 인식된 과정은 피자가 글로벌 음식이 된 역사와 비슷합니다. 피자가 글로벌 음식인 데 비해, 전주비빔밥은 국민 음식인 것이 다를 뿐입니다. 특정 지역의 음식이 전국적 혹은 세계적으로 유명해지려면 지역적 경계를 넘어서야 합니다. 특정 음식이 명성을 얻게 된 장소는 그 음식이 발생한 곳이 아닐 수 있다는 말입니다. 비빔밥이나 피자가 국민 음식이나 글로벌 음식이 된 결정적인 요인은 사람들의 이주와 집단 거주였습니다. 그런데 지금은 잠깐의 관광과 SNS가 그 역할을 하고 있습니다. 이러한 변화도 놓치지 말기 바랍니다.

12강

베이징 올림픽과 짜장면?

'만들어지는' 음식의 전통에
속지 마라

~~~~~~~~~~~~~~~~

열두 번째 음식 공부는 오랜 역사를 지녔다고 알려진 음식도 꼼꼼하게 살펴보면 최근에 복원되거나 발명된 것일 수 있다는 가설에 관한 것입니다. 영국의 역사학자 에릭 홉스봄(Eric Hobsbawm, 1917~2012)은 1983년에 여러 학자와 함께 펴낸 《만들어진 전통(The Invention of Tradition)》(휴머니스트, 2004)에서 우리가 '전통'이라고 알고 있는 것 대부분은 지난 200여 년 사이에 만들어진 것이라고 주장했습니다. 그러자 많은 학자가 전통에 관해 의심하기 시작했습니다.

가령 영국의 남성복으로 인식되는 짧은 치마 킬트(kilt)는 스코틀랜드의 일부 지역에서 입던 남성용 옷이었습니다. 그런데 스코틀랜드 무장군인들이 18세기 중엽 잉글랜드에 저항했다가 실패한 후 이 옷은 착용이 금지되었습니다. 하지만 18세기 말 전통 부흥 운동이 일어나면서 킬트는 스코틀랜드는 물론이고 영국의 전통 옷으로 축제를 비롯한 전통 행사에서 남녀 가리지 않고 입게 되었습니다.

19~20세기 근대 국민국가는 국민이나 민족을 하나로 통합하기 위해 특정 지역의 문화를 전 국민의 오래된 '전통'으로 만드는 경향이 있습니다. 음식 또한 '만들어진 전통'이 적지 않습니다. 최근 각국의 국민 음식은 국민적 자존심이면서 경제적 이익을 가져다주는 상품이 되었습니다. 국가와 기업, 국민이 이를 위해서 음식의 '전통'을 만들어내는 중입니다.

한국인이 좋아하는 짜장면은 분명 중국 음식입니다. 그런데 1992년 한국과 중국이 수교한 후, 중국 대륙을 방문한 한국인은 그곳에서 짜장면을 발견하지 못했습니다. 그래서 1990년대 후반에 한국에서는 "중국에는 짜장면이 없다!"라는 글이 여러 군데에 등장했습니다. 심지어 한 방송국에서는 다큐멘터리로 이러한 사실을 증명한 적도 있습니다.

그런데 2008년 베이징 하계올림픽을 전후하여 베이징의 한가운데에 있는 '톈안먼(天安門)' 주변 시내에 '자장몐(炸醬麵)'이란 상호를 내건 음식점이 여러 곳 등장했습니다. 제가 보기에 중국 정부가 사라진 베이징의 '자장몐' 전통을 만들어내려는 하나의 시도인 것 같습니다. 지금부터 제가 경험한 이야기를 중심으로 '만들어지는 음식' 베이징의 '자장몐'에 관해 살펴보겠습니다. 당연히 이 이야기에서 한국의 '짜장면'이 빠질 수 없습니다.

베이징에서 유학 중이던 1995년 여름, 저는 베이징동물원의 구내식당 메뉴판에서 '자장몐(炸醬麵)'이란 글자를 발견하고 매우 기뻤습니다. 드디어 짜장면의 원조를 찾았다고 생각했습니다. 하지만 제가 받아든 자장몐은 색깔부터 한국 짜장면과 달랐습니다. 국수 위에 오른 장을 보니 중국 된장인 '두장(豆醬)'을 볶은 것이었습니다. 채 썬 오이를 고명으로 올린 것만 한국 짜장면과 비슷했습니다. 맛은 어땠냐고요? 차가운 칼국수 위에 기름에 볶은 두장을 올려놓았으니, 단맛이 있는 한국 짜장면과 달리 짜기만 했습니다.

하루는 베이징 텔레비전(BTV)에서 방영하는, '자장'의 색이 한국식 짜장과 비슷한 '자장몐'을 판매하는 음식점 소개 프로그램을 보게 되었습니다. 저는 곧장 그 음식점으로 달려갔습니다. 저는 주문한 짜장면을 기다리는 내내 설렜습니다. 이윽고 받아든 자장몐 실물은 베이징동물원에서 먹었던 것과 크게 다르지 않았습니다. 다만 자장의 색이 좀 더 짙었습니다. 주방장에게 이 자장을 어떻게 만드느냐고 물었더니, 두장에 '면장(麵醬)'을 섞은 것이라고 했습니다.

면장은 밀가루 '면(麵)' 자와 된장 '장(醬)' 자가 합쳐진 것입니다. 곧 밀가루를 주재료로 하여 만든 장이란 뜻입니다. 중국에서 면장 만드는 법을 알아보겠습니다. 밀가루를 반죽하여 주먹만 한 덩어리로 만들어서 찝니다. 이것을 식힌 후 여러 개의 덩어리를 짚으로 짠 멍석 위에 올려놓고 쌀로 만든 누룩을 뿌립니다. 약 열흘쯤 지나면 덩어리를 햇볕이 잘 드는 곳에 옮깁니다. 그러면 덩어리 표면에 하얀 가루가 생깁니다. 덩어리를 소금물에 담가서 버무린 다음 항아리에 넣어 햇볕이 잘 드는 곳에 둡니다. 여름에 약 5개월간 숙성시키면 진한 노란색의 면장이 완성됩니다. 완성된 면장의 맛은 콩으로 만든 된장과 달리 단맛이 강합니다. 밀가루 속의 탄수화물이 분해되어 포도당으로 바뀌었기 때문입니다. 그래서 면장은 맛이 달다는 뜻의 '첨(甛)' 자를 앞에 붙여 '톈몐장(甛麵醬)'이라고도 부릅니다. 이 면장은 산둥성 동쪽 지역에서 잘 만들었습니다.

그 집 '자장몐'의 맛은 어땠냐고요? 두장에 면장을 넣고 기름에 볶았기 때문에 '자장'의 맛은 한국 짜장과 비슷했습니다. 하지만 한 20퍼센트 부족한 맛이었습니다. 국수도 칼국수라서 더 그랬습니다. 당시 저 역시 다른 한국인과 마찬가지로 "중국에는 짜장면이 없다!"라는 결론을 내렸습니다.

1996년, 한국 짜장면의 베이징 진출

짜장면의 기원지인 중국에 살면서 짜장면을 먹지 못하는 심정을 여러분은 아십니까? 정말 힘듭니다. 1995년경 베이징에 거주하는 한국인은 2만 명이 넘었습니다. 그 중 저와 같은 심정을 가진 한국인이 적지 않았던 모양입니다. 서울에서 태어난 화교 3세 부부가 1996년에 베이징에서 한국식 중국집을 개업했습니다. 개업

하자마자 베이징의 한인 사회에 소문이 났습니다.

저도 이 소문에 가만있을 수 없었습니다. 드디어 한국 짜장면을 먹었습니다. 사실 한국의 중국 음식점 메뉴 중 탕수육, 양장피, 라조기 모두 중국의 산둥성 출신인 화교가 가지고 온 음식이지만, 맛은 본국과 달리 이미 한국식으로 바뀌었습니다. 저는 가족과 함께 이 음식점에서 짜장면은 물론이고 앞에서 예를 든 한국식 중국요리를 자주 먹었습니다.

어느 날 저는 그 음식점에서 27세의 '왕씨'라는 중국인과 이야기를 나누었습니다. 본래 이 음식점의 손님 대부분은 한국인이었는데 번화가 근처에 있다 보니 간혹 손님 중에 중국인 청년들도 있었습니다. 왕씨 역시 한국식 짜장면이 맛있다고 했습니다. 그러면서 "왜 중국 음식인 자장몐을 한국식으로 바꾸어 베이징에서 판매하느냐? 그동안 우리는 무엇을 했기에 자장몐을 한국에 빼앗기고 말았나!" 하는 게 아닙니까? 당시만 해도 중국 경제는 한국을 배워야 하는 다급한 상황에 놓여 있었습니다. 경제도 그러한데 심지어 중국인의 자존심인 음식까지도 한국에 빼앗기고 말았다고 왕씨는 한탄했습니다.

2000년대 이후 왕씨의 한탄은 한탄으로 머물지 않았습니다. 2006년 5월 초순 베이징을 방문한 저는 제가 다녔던 학교의 선생님들과 식사를 하면서 깜짝 놀랐습니다. 학교 근처의 한 중국 음식점에 가서 메뉴판을 보니 '자장몐'이 있었습니다. 유학 시절

에도 간혹 왔던 음식점인데 그때의 기억을 되살려보아도 '자장
면'은 없었는데 말입니다. 어떻게 된 일인지 같이 간 선생님에게
물어봤더니 최근에 '자장면'을 파는 음식점이 베이징에 많아졌다
고 답했습니다.

왜 이런 변화가 생겼을까요? 2000년대 들어와 중국인들은 이
제 더는 아시아의 경제 강국들을 따라잡아야 한다는 조급함을
가지지 않게 되었습니다. 중국은 21세기에 미국과 경쟁하는 유
일한 대국이 될 수 있다는 자신감으로 가득했습니다. 2000년부
터 베이징에는 '라오베이징(老北京)'이란 간판을 내건 음식점이
여기저기에 들어섰습니다. '라오베이징'은 '오래된 베이징'이란
뜻입니다. 멀게는 19세기 중반 이전의 중국, 가깝게는 20세기 초
반 세계적인 대도시였던 베이징의 영광을 되살리자는 분위기가
라오베이징이란 말에 숨어 있습니다.

2018년 가을에 저는 학술행사 참석차 베이징을 방문했습니
다. 베이징 친구들에게서 옛날 '자장면'이 부활했다는 소리를 들
은 저는 톈안먼으로 달려갔습니다. 정말로 톈안먼 근처는 물론이
고 광장 남쪽의 500년이 넘는 역사를 지닌 '다스란(大柵欄)'이란
시장 골목에도 자장면을 중요 메뉴로 내세운 음식점이 여러 곳
보였습니다. 음식점의 상호가 '라오베이징자장몐(老北京炸醬麵)'
인 곳도 있었습니다. 여기에 들어가서 자장면을 주문했습니다.
하지만 옛날식 국수 그릇에 담긴 삶은 칼국수 면과 볶은 된장, 옥

베이징 톈안먼 광장 남쪽에 있는, 500여 년의 역사를 자랑하는 '다스란' 시장 골목에 있는 오래된 자장멘을 판매하는 음식점이다. 입구에는 '라오베이징자장멘(老北京炸醬麵)'이란 간판이 붙어 있다(왼쪽). 두장에 면장을 섞은 2018년 베이징의 자장멘이다(오른쪽).

수수 알갱이, 채 썬 오이와 무, 양파를 차려주었습니다. 맛도 제가 1994년 베이징동물원의 구내식당에서 먹었던 자장멘과 크게 다르지 않았습니다. 다만 두장에 면장을 약간 섞었습니다. 그것은 정말로 '라오베이징자장멘', 곧 오래된 베이징의 자장멘이었습니다.

한국에서 춘장이 개발되다

1990년대 중반만 해도 제가 만난 베이징이나 산둥성 출신 중에서 연세가 많은 분들은 "여름에는 자장몐, 겨울에는 다루몐(大滷麵)을 먹어야 제격이다"라는 말을 했습니다. 자장몐은 국물이 없고 차가워 더운 여름 음식으로 제격이었을 것입니다. 다루몐은 한국의 우동(우동은 일본 음식의 이름입니다. 중국 음식점에서 일본 음식인 우동을 팔았을 리가 없습니다. 일본인은 다루몐을 '청국우동'이라고 불렀습니다. 이후 '청국'이란 글자가 탈락하여 '우동'이 되었습니다.)과 비슷한 음식입니다. 추운 겨울에 뜨끈한 다루몐을 먹으면 차가워진 몸이 풀렸을 것입니다. 1883년 지금의 인천인 제물포가 외국에 개방되면서 중국 산둥성 동쪽 출신들이 인천에 대거 들어왔습니다. 그들 대부분은 남성 노동자로, 돈이 별로 없어 여름이면 자장몐을 즐겨 먹었습니다.

하지만 조선에서 밀가루와 함께 산둥성 동부 지역에서 많이 쓰는 '면장'을 구하기가 쉽지 않았습니다. 결국 산둥성 동쪽 항구 도시인 즈푸(芝罘)와 인천을 오가는 여객선으로 밀가루와 면장을 실어 날랐습니다. 밀가루 수입이 늘어나자 인천의 거주지에서 면장을 직접 만드는 음식점도 생겨났습니다. 20세기에 들어오면 인천을 비롯하여 서울, 군산, 부산 등지의 중국인 거주지에서도 면장을 넣은 산둥식 '자장몐'을 판매하는 영세한 음식점이 등장했습니다.

1930년대 것으로 추정되는 인천 공화춘의 메뉴판에도 '자장몐'이 당당하게 자리 잡고 있습니다. 그런데 이 메뉴판에는 음식

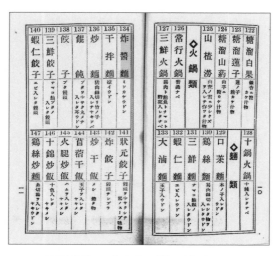

1930년대 것으로 추정되는 인천 공화춘의 메뉴판.
134번 항목에 '자장멘'이 보인다.

이름을 한자로 적고, 그 밑에 일본어로 설명을 붙였습니다. 아마도 일본인 손님을 위한 것으로 여겨집니다. 자장멘의 경우 일본어 설명은 "미소를 넣고 뜨겁게 끓인 우동"이라고 적혀 있습니다. 여기서 '미소'는 일본식 된장을 가리킵니다. 아마도 '끓인 미소를 끼얹은 우동'이라는 말을 이렇게 써놓은 듯합니다. 그렇다고 일본식 된장을 넣었다는 말은 아닙니다. 산둥의 된장 중 하나인 두장이나 면장을 그렇게 표현한 듯합니다. 혹시 식민지기의 짜장면에는 앞에서 소개한 면장이 들어갔던 것은 아닐까요?

이 궁금증을 풀기 위해서는 한국 짜장면의 재료인 '춘장'에 대해 살펴보아야 합니다. 한국식품과학회에서 2008년에 펴낸 《식품과학기술대사전》을 보면 춘장 만드는 법이 소개되어 있습니다.

대두·쌀·보리·밀 또는 탈지대두 등을 주원료로 사용하여 제국(製麴, 쌀·보리·대두 등의 잡곡을 삶아 누룩곰팡이를 번식시켜서 효소를 만드는 과정) 후 식염을 혼합하여 발효, 숙성시킨 것에 캐러멜색소 등을 첨가하여 가공한 것이거나, 제국 후 캐러멜색소, 식염 등을 첨가하여 발효, 숙성시켜 가공한 것을 말한다. 법적으로 대두, 탈지대두 또는 그 혼합물을 10% 이상 함유하도록 하고 있으며, 규격을 정하여 관리하고 있는데, 보존료로 소르브산이나 소르브산칼륨을 1.2g/kg 수준으로 허용하고 있다. 주로 짜장의 원료로 사용하며, 각종 수프에도 일부 사용한다.

이때 캐러멜색소는 설탕과 당류뿐 아니라 곡물의 전분을 아황산염이나 암모늄으로 분해하여 만듭니다. 사실 춘장이 어떻게 만들어졌는지에 관해서는 여러 가지 설이 있습니다. 그중 가장 널리 알려진 설은 1948년에 한국의 한 화교가 '사자표 춘장'을 팔면서 시작되었다는 것입니다. 그가 왜 캐러멜색소를 넣은 춘장을 만들었지는 알 수 없습니다. 아마도 갓 해방된 1948년에 두장이나 면장을 구하기 어렵자 각종 곡물이나 콩기름을 빼내고 남은 찌꺼기인 '탈지대두'를 누룩곰팡이로 발효시켜 캐러멜색소를 넣은 춘장을 만들지 않았을까요?

만약 그랬다면 식민지기 중국 음식점에서 사용했던 '짜장'은 두장에 면장을 조금 넣은 베이징식이 아니라, 주로 면장을 넣은 산둥의 동부 지역 방식이었을 가설이 가능합니다. 그렇다면 '사자표 춘장'이란 상품 이름을 지은 그 화교는 왜 '춘장'이라고 했을까요? 중문학자 양세욱은 춘장의 어원에 관한 주장을 세 가지로 정리했습니다.

첫째는 봄에 장을 담그므로 봄 '춘(春)' 자를 붙여 '춘장'이라고 불렀다는 설입니다. 하지만 양세욱은 '춘장'이란 단어가 한국인에게 널리 알려진 이후에 이런 주장이 나왔다고 하면서 단지 '만들어낸 가설'에 지나지 않는다고 했습니다.

둘째는 첨면장(甛麵醬)의 줄임말인 첨장(甛醬)에서 유래되었다는 설입니다. 양세욱은 이 설이 중국에서 여러 이름으로 불리는 면장의 이름 중 첨장을 채용했다는 점에서 타당한 듯 보이지만, 언어학적으로 첨장이 춘장으로 음운 변화될 가능성은 매우 적다고 보았습니다.

셋째는 '총장(蔥醬)'에서 유래했다는 설입니다. 산둥 사람들은 면장을 총장, 곧 중국어로 '충장(cōngjiàng)'이라고 부르는데, 이는 대파를 찍어 먹는 장이라는 뜻입니다. 1940년대 이후 화교가 운영하는 음식점에서 일하던 한국인이 '충장'을 '춘장'으로 알아듣고 그렇게 말했다는 것입니다.

저는 가장 논리적인 세 번째 설을 지지합니다. 다만 한국인은 '충장'보다 '춘장'이라고 발음하는 게 쉬워서, '사자표 춘장'을 개발한 화교가 '춘장'이라고 표기했을 가능성이 더 커 보입니다. 20세기의 신문 기사를 검색해보면, 1950년대 이후에야 짜장면 관련 기사가 눈에 띄게 많아집니다. 춘장이 한국에서 개발되면서 한국에서 짜장면이 대중화의 길을 걸었음이 분명합니다.

한국 짜장면의 진화

1951년 12월 2일자 《동아일보》 2면에는 정부에서 정한 짜장면 가격이 나옵니다. 이 기사에서는 짜장면의 이름을 '자작면'이라고 썼습니다. 아마도 '자장멘'의 발음을 '자장면'이라고 정하기 전 표기인 듯합니다. 짜장면 값은 1,800원으로 볶음밥과 가격이 같습니다. 이에 비해 한국 음식인 비빔밥은 2,000원, 장국밥은 1,500원입니다. 지금도 그렇지만 당시에도 짜장면 값은 그다지 비싸지 않았습니다. 하지만 짜장면은 한국인에게 익숙한 음식이 아니었습니다. 아직 짜장면은 화교들이 즐겨 먹던 음식이었지 한국인의 입맛까지 사로잡지 못했기 때문입니다.

한국학계에서 화교 연구를 가장 먼저 시작한 박은경 박사의 연구에 따르면, 1958년에는 중국 음식점 사업에 참여한 화교가 전체의 58.2퍼센트였는데, 1972년에는 77퍼센트로 증가했다고 합니다. 왜 이런 변화가 생겼을까요? 크게 보면 두 가지의 이유가 있습니다.

첫 번째 이유로는 1963년부터 농촌에서 농사를 짓던 화교들이 대거 도시로 이주한 사건을 꼽을 수 있습니다. 박정희 정부는 1961년에 '외국인토지법'을, 1962년에 '외국인토지법 시행령'을 공포하여 당시 외국인 중 다수를 차지하고 있던 화교의 토지 소유를 제한했습니다. 식민지기 화교는 '화농(華農)'이라고 불릴 정도로 채소 농사를 잘 지었습니다. 한국전쟁 때 산둥성이 고향인 많은 화교가 중국군에 붙잡혀서 고향으로 돌아갔지만, 농촌에 남아 있던 화교들은 채소 농사를 지어 생계를 이어갔습니다. 많은 한국인의 눈에는 한국전쟁에 참전하여 북한을 도운 중국이 싫었고, 박정희 정부 또한 민심을 달랠 목적으로 화교의 토지 소유를 금지했던 것입니다. 화농이 도시로 나와서 할 수 있는 일은 그나마 요리법이 쉬운 짜장면과 우동, 탕수육 등을 판매하는 중저가 중국 음식점을 내는 것이었습니다.

두 번째 이유로는 미국 정부에서 한국에 공짜로 제공한 밀을 꼽을 수 있습니다. 이 밀은 화교의 '자장멘'이 대중적인 한국식 짜장면으로 바뀌는 계기가 되었습니다. 미국에서 보낸 밀은 '잉여농산물'이었습니다. 잉여농산물은 미국의 농촌에서 대량으로 수확한 밀·보리·콩 같은 양곡 중 미국에서 소비하지 못하고 남은 농산물을 가리킵니다. 1954년 미국 정부는 농촌에서 남아도는 농산물로 인해 농산물 가격이 폭락하자, 저개발국에 원조하여 그 문제를 해결하려고 '미공법 480호(PL480, Public Law 480)'라는 법을 만듭니다.

한국 정부는 1956년부터 미국의 잉여농산물 원조를 받기 시작했습니다. 1961년 군사 쿠데타로 정권을 잡은 박정희 정부는 부족한 쌀을 보충하기 위한 방안으로 미국의 잉여농산물을 들여와 분식 장려 운동을 펼쳤습니다. 밀가루로 만드는 짜장면은 분식 운동의 모범적인 음식으로 꼽혔습니다. 1961년 이후 도시로 나와 중저가 중국 음식점을 차린 화교들은 한국인 손님을 한 명이라도 더 잡으려고 짠맛이 강한 춘장에 물을 부었습니다. 그러자 한국인이 좋아하는 짜장이 만들어졌습니다. 이것이 한국식 짜장면 탄생의 1단계입니다. 이때부터 한국인의 입맛에 딱 맞는 한국식 짜장면이 만들어졌고, 짜장면은 한국인의 음식이 되었습니다. 하지만 그다지 유쾌한 역사는 아닙니다.

한국식 짜장면 탄생의 2단계 역시 약간 불행한 역사입니다. 1965년 5월 갑자기 돼지고기가 부족하여 난리가 났습니다. 그러자 돼지고기를 꼭 써야 하는 중국 음식점에서는 음식값을 올릴 수밖에 없었습니다. 이에 정부에서는 중화요식업협회 간부들을 불러서 값을 내리라고 압박했습니다. 사실 1965년에 짜장면 값은 냉면이나 갈비탕의 반값에 가까웠습니다. 화교가 운영하는 일부 중국 음식점에서는 비싼 돼지고기를 적게 넣는 대신에 감자나 당근을 넣어 정부의 압박에 대응하기도 했습니다. 그래도 한국인 손님이 줄지 않자 감자나 당근을 넣은 짜장면이 요리법으로 자리를 잡았습니다.

이런 대응은 오히려 양심적이었습니다. 정부의 가격 통제에 맞서서 짜장면의 원가를 줄이려는 중국 음식점 주인들의 얄팍한 상술로 인해 불미스러운 일도 있었습니다. 가령 가짜 춘장을 사용하거나, 질긴 면발을 만들려고 공업용 탄산나트륨을 사용한 일이 적발되어 경찰에 입건된 화교도 있었습니다. 이런 사건들은 한국에서 화교에 대한 부정적인 이미지를 심어주는 데 한몫했습니다.

결국 박정희 정부는 1976년 화교가 한국의 학교에 다니는 것을 금지했습니다. 화교가 한국의 대학에 진학하려면 외국 유학생의 자격으로 입학해야 했습니다. 당시에는 지금과 달리 외국인이 한국의 대학에 입학하기가 쉽지 않았습니다. 심지어 화교는 한국에서 부동산을 소유할 수 없도록 재산권을 빼앗았습니다. 이미 1961년에 토지 소유권을 제한당했던 화교는 도시에서도 부동산을 소유할 수 없었습니다. 한국 화교의 국적은 고향 산둥이 아닌 타이완의 중화민국이었습니다. 결국 1970년대 후반 다수의 한국 화교는 한국을 떠났습니다.

그들이 남겨 놓은 중국 음식점은 한국인의 손에 넘어갔습니다. 1980년대 이후 대도시 대형 아파트 단지에 들어선 한국인이 운영하는 중국 음식점은 번창했습니다. 화교가 운영하던 중국 음식점 대부분은 음식 배달을 하지 않았습니다. 하지만 한국인이 운영하면서 짜장면은 학교 졸업식 때에만 먹는 음식이 아니라, 가정이나 직장에서 전화 한 통으로 먹을 수 있는 음식이 되었습니다. 문화관광부(지금의 문화체육관광부)가 2006년 7월 발표한 100대 민족문화 상징에 짜장면이 들어간 것은 결코 우연이 아닙니다. 그만큼 짜장면이 한국인의 식탁에서 굳건하게 자리하고 있다는 증거입니다. 한국인이 많이 거주하는 북미의 도시에는 한국인이 주방장인 한국식 짜장면을 판매하는 중국 음식점이 반드시 한두 곳 있습니다. 이제 짜장면은 한국의 '국민 음식'이라고 해도 과언이 아닙니다.

갑자기 주목받게 된 배경을 조사하라

2008년 베이징 올림픽은 21세기 중국의 경제적 성공을 세계에 과시하는 행사였습니다. 중국 정부는 올림픽을 앞두고 베이징에서 역사가 오래된 동네를 청나라 때 혹은 20세기 초반의 모습으로 리모델링했습니다. 그리고 '라오자장몐' 음식점을 부활시켰습니다. 하지만 '만들어진 음식'인 베이징의 자장몐 맛에 대한 현지인의 평가는 그다지 호의적이지 않았습니다. 제가 만난 베이징 토박이 몇몇은 맛이 익숙지 않다며 시큰둥해했습니다. 라오자장몐 음식점의 손님 대부분은 외지인이었습니다. 그들이야 맛보다 베이징을 먹는다고 생각했을 것입니다.

최근 중국 정부까지 나서서 본격적으로 중국 음식의 '전통'을 만드는 중입니다. 이것은 중국에만 한정된 이야기가 아닙니다. 21세기 글로벌 체제에서 세계 각국은 자국의 음식에 '민족주의'나 '국가주의'라는 이데올로기를 입히려고 애씁니다. 이 모두 '음식의 전통'을 만들어서 국민 통합을 꾀하는 것은 물론이고, 상품인 음식으로 경제적 이익을 얻으려는 데 목적이 있습니다.

　　음식은 인간에게 생물학적으로 필수품이며 공동체가 공유하는 오래된 문화입니다. 세계화 시대에 음식은 지구촌의 각기 다른 공동체가 서로를 이해할 수 있는 중요한 매체입니다. 의도를 가지고 음식의 전통을 만드는 일은 멈추어야 합니다. 그렇다고 이런 구호만 외치고 앉아 있을 수 없습니다. 만들어지는 음식의 전통을 연구하여 국가나 국민이 갑자기 특정 음식에 주목하는 숨은 의도를 파악해야 합니다. 그래야 음식에 얽힌 호모사피엔스의 온갖 욕망을 바로잡는 '비판적인 음식 인문학'을 정립할 수 있습니다.

원래 이 책을 준비하면서 결론에 해당하는 에필로그를 쓰지 않으
려고 했습니다. 그런데 책의 초고를 거의 다 마무리할 무렵 에필
로그를 써야 할 이유가 생겼습니다. 최근 음식 관련 방송 프로그
램의 감수를 맡은 적이 몇 번 있습니다. 잘못된 부분을 지적하는
메일을 보내자, 담당 CP가 저에게 전화를 했습니다. 스태프들이
모여서 최종 방송본을 검토한 뒤 이런 질문이 생겼답니다. "만두
의 일본어는 '교자(ギョウザ, 餃子)'인데, 이 발음이 혹시 한국어
교자에서 비롯된 것이 아닐까?"

사실 저는 그 프로그램에 불만이 좀 있었습니다. 마치 그런
제 속마음을 드러내기라도 하듯, 저는 대뜸 "무슨 그런 말을 해
요! 일본의 중국 음식 대부분은 남방 출신 화교 요리사들이 퍼뜨
린 건데. 아마도 푸젠어(푸젠성의 지방어)나 광둥어에서 왔을 거예

요!" 하고 전화를 끊었습니다.

전화를 끊고 나니 왠지 찜찜했습니다. 그래서 광둥어 발음을 알려주는 웹사이트(humanum.arts.cuhk.edu.hk/Lexis/lexi-can/)에서 검색해보았습니다. 그런데 교자의 광둥어 발음은 '가우지(gaau(2성)zi(2성))'였습니다. 일본어 '교자'와는 매우 다른 발음입니다. 중국 북방어 발음으로 교자는 '자오쯔'입니다. '가우지'는 여기에 더 가깝습니다.

아차 싶었습니다. 제 박사과정생 제자 중에 산둥성 동부 지역 출신 학생이 있습니다. 그 학생에게 교자의 산둥성 동부 지역 발음이 무엇인지 알아봐달라고 부탁했습니다. 그랬더니 산둥성의 동부 지역인 옌타이(烟台)와 칭다오(青島)에서는 만두를 '고찰(箍扎)'이라고 부른다며 '고찰'의 발음은 '구자(guzha)'라고 알려주었습니다. 또 한자 '교자'는 그 지역 발음으로 '구쯔(gutz)'라고 한다고 했습니다. 일본어 '교자'와는 비슷한 듯하지만, 언어학적으로 같다고 볼 수는 없습니다.

정말 낭패를 본 기분이었습니다. 일본의 전문가에게도 물어보고 싶었습니다. 최근 공동연구로 친해진 일본 게이오대학(慶應義塾大学)의 중국사 교수 이와마 가즈히로(岩間一弘)에게 메일을 보냈습니다. 그랬더니 저와 오랫동안 교류한 일본 아지노모토(味の素)사 '식의 문화센터(食の文化センタ)'에서 일하는 쿠사노 미호(草野美保)가 쓴 논문(〈국민 음식이 된 교자-수용과 발전을 둘러싸고- (国民

食になった餃子-受容と發展をめぐつて-)〉,《일본 음식의 가까운 미래(日本の食の近未来)》, 시분카쿠출판, 2013)을 파일로 보내주었습니다.

쿠사노는 논문에 일본의 만화가 구레 토모후사(呉 智英, 1946~)가 쓴 《언어의 상비약(言葉の常備藥)》(후타바사, 2004)에 실린 일본어 '교자'가 한국어에서 왔다고 한 내용을 소개하면서, 한국인이 교자를 만두라고 부르기 때문에 인정하기 어렵다는 주장을 펼쳤습니다. 그래도 한국에 만두와 함께 '교자'라는 음식 이름도 있다는 사실을 알았는지, 일본 잡지 《식도락(食道樂)》 1936년 8월호의 〈만주와 조선의 색다른 음식 맛(滿鮮げて食味)〉이란 글에 나오는 다음의 내용을 소개했습니다.

가장 대중적인 먹을거리(喰ひ物)는 교자(ギョウザ)일 듯. 이것은 조선의 흥남에서 영감을 받은 것.

쿠사노는 식민지기 함경남도 흥남에 일본인이 운영하는 질소 비료공장이 여러 곳 있었고, 일본인도 많이 거주했으므로, 흥남에서 한국어 '교자'가 들어와 일본어로 '교자'가 되었을 가능성의 여지만 남긴 채 글을 끝맺었습니다.

저는 쿠사노의 논문을 읽자마자, 이 책에서도 몇 차례 소개한 1930년대 공화춘의 메뉴판과 1970년대 한국의 중국요식업조합에서 발행한 메뉴판을 꺼내 보았습니다. 먼저 중국요식업조합의

메뉴판을 확인했습니다. 한자로 '전교자(煎餃子, jian jiaozi)'라 적고, 한글로 '야끼만두'라고 써놓았습니다. 여기서 '야끼'는 일본어 '야키(燒き)'입니다. 공화춘의 메뉴판에서는 아예 한자로 '餃子'라 써놓고, 그 밑에 일본어로 '돼지만두(ブタ(豚)饅頭)'라고 번역해놓았습니다. 여기까지 추적해보니 일본어 '교자'는 한국어 '교자'에서 전해졌을 가능성이 커 보입니다.

일단 일본어 '교자' 발음의 유래에 관해서는 이 정도로 해두겠습니다. 별도의 글을 기다려주기 바랍니다. 제가 독자 여러분에게 부탁하고 싶은 말은 지금까지 읽은 이 책을 '확증편향'으로 읽지 말아달라는 것입니다. 미국의 조직심리학 교수인 애덤 그랜트(Adam Grant)는 전도사처럼 자기의 생각을 강요하지도 말고, 검사처럼 따지고 들면서 자기의 생각만 옳다고도 하지 말고, 과학자처럼 논리적으로 생각하려고 노력하라고 했습니다(《싱크 어게인: 모르는 것을 아는 힘》, 한국경제신문사, 2021).

혹시 제가 이 책을 검사처럼 잘못된 점을 조목조목 따져가며 썼는지도 모릅니다. 하지만 저의 진심은 그렇지 않습니다. 이 책에서 사례로 든 12가지의 음식 공부법은 제가 공부해온 경험입니다. 저도 사료를 놓치거나, 잘못 읽거나, 오독을 합니다. 만약 그랬다면 실수를 바로 인정하려 노력합니다. 이제 그 방송국 CP에게 전화해서 "일본어 교자가 한국에서 유래했을 가능성이 커 보입니다. 제가 더 연구해서 알려주겠습니다"라고 말해야겠습니다.

나의 음식 공부 이력서

저는 30년 넘게 역사학, 문화인류학, 민속학의 시선에서 음식의 역
사와 문화를 연구해왔습니다. 처음 음식의 역사와 문화를 공부할 때
만 해도, 다른 학자들이 맛있는 것 먹으면서 논문을 쓰는 제가 부럽
다고들 했습니다. 하지만 누구나 한마디씩 할 수 있는 음식 이야기
를 가지고 학술적으로 설명하려니 무척 힘들었습니다. 먼저 그동안
제가 공부한 음식 인문학에 관해 소개하겠습니다.

‘음식 인문학’, 도대체 무슨 학문일까요?

근대적 학문 분야에서 음식에 관한 연구는 식품공학, 농축수산학, 영양학 등을 전공하는 자연과학자들의 몫이었습니다. 음식은 인간이 생존을 위해 반드시 섭취해야 하는 물질이니, 자연과학자의 연구 대상일 수밖에 없습니다. 그런데 다른 동물과 달리 인간은 요리 행위를 하고, 먹고 마실 때도 혼자보다는 여럿이 함께합니다. 이것을 두고 문화인류학자는 인간이 언어와 공동체를 이루고 살듯이, "인간은 요리하는 동물이고, 함께 식사하는 동물"이라고 봅니다.

‘요리’ 과정에는 ‘어떤 재료를 먹을 수 있다고 생각하는가? 무엇을 맛있다고 생각하는가? 어떤 그릇에 담아야 좋다고 생각하는가? 어떻게 먹어야 다른 사람의 비웃음을 사지 않는가?’ 등의 문화권마다 서로 다른 규칙이 있습니다. 가령 한국인은 고사리를 식용 식물이라고 생각하지만, 영국계 캐나다인은 그렇지 않습니다. 한국인은 해장국을 먹으면서 시원하다는 말부터 하지만, 미국인은 해장국에 든 고기가 무슨 고기인지 의심부터 합니다. 이것이 바로 태어나서 공동체의 한 구성원으로서 자라면서 배운 규칙인 '문화'입니다.

'함께 식사하는 것'을 영어로 '카멘샐러티(commensality)'라고 합니다. 카멘샐러티는 세상을 떠난 망자를 추모하며 식사를 차린 '돌로 만든 식탁'을 가리키는 중세 라틴어 '멘사(mensa)'와 '함께'라는 의미의 'com'이 결합하여 만들어진 말입니다. 따라서 카멘샐러티에는 '여럿이 함께 식사하기'와 '친교'라는 의미가 담겨 있습니다. 코로나 팬데믹으로 '카멘샐러티'를 하지 못해 스트레스를 받는 분이 많습니다. 그 스트레스가 바로 우리가 호모사피엔스임을 증명해주는 것입니다. 설날에 차례를 지내는 일 역시 '카멘샐러티'입니다. 제사는 돌아가신 조상과의 카멘샐러티이고, 제사 후에 참석자들이 함께 식사하는 행위는 살아 있는 후손끼리의 카멘샐러티입니다.

연세가 드신 분 중에서는 자신의 어릴 때와 달리 최근 젊은 이들의 입맛이 많이 달라졌다고 걱정하는 분이 적지 않습니다. 만약 세종대왕이 환생한다면 매워진 지금의 한국 음식에 적응하지 못해 살이 쏙 빠질 듯합니다. '역사적인 요리법(historical recipes)'이란 말이 있습니다. 모든 문화가 시대에 따라 변형되듯이, 같은 이름의 음식이라도 시대에 따라 요리법이 조금 달라지거나 아예 다른 음식으로 바뀌기도 합니다. 음식에 관한 역사학적 접근이 필요한 이유입니다.

　1970년대 저의 집에서는 동지 때 반드시 팥죽을 만들어 먹었습니다. 언제든 사 먹을 수 있는 팥죽을 왜 굳이 동지 때만 먹느냐고요? 하지만 조선시대 사대부들은 동지만 아니라 하지에도 팥죽을 먹으면 좋다고 생각했습니다. 동지는 일 년 중 밤이 가장 긴 때이고, 하지는 낮이 제일 긴 때입니다. 유학자들은 동지와 하지 때, 음양의 변동이 시작된다고 생각했습니다. 음양의 변동기에 사악한 기운이 몸과 집 안에 퍼질 수 있다고 여겨 나쁜 기운을 물리쳐준다는 붉은색의 팥죽을 먹고, 문설주에 바르기도 했습니다. 민속학을 공부하면 음식에 담긴 공동체의 오래된 관습을 알수 있습니다.

　그렇다고 제가 주창하는 음식 인문학이 단지 역사학, 문화인류학, 민속학의 시선에서만 음식을 보아야 한다는 것은 아닙니다. 앞에서도 밝혔듯이, 음식은 형체가 있는 물질입니다. 자연과학과 인문·사회과학의 이분법으로만 보자면, 음식이란 물질은 자연과학의 몫일 수밖에 없습니다. 하지만 자연 속의 물질이든 사람이 만들어낸 물질이든 그 속에는 자연과학과 인문·사회과학이 모두 존재합니다. 저의 음식 인문학은 자연과학적 지식을 바탕으로 인문학과 사회과학의 이론과 방법론을 적용해야 실현될수 있습니다.

그렇다면 지난 30여 년 동안 저는 어떻게 음식 인문학을 정립해왔을까요?

첫 번째로 제가 한 공부는 음식의 자연과학적 지식을 얻는 것이었습니다. 처음 이 공부를 시작했을 때, 저의 가장 큰 약점은 요리법과 식재료의 생산과정, 음식점의 부엌과 홀에서 일어나는 일, 그리고 식품학의 지식을 잘 모른다는 것이었습니다. 그중에서 식품학 공부는 고등학교와 대학입시에서 물상(물리학·화학·천문학·지구과학 등을 통합한 과목)과 생물 성적이 매우 좋지 않았던 제 처지에서 쉽지 않았습니다. 다행히 이 어려움을 해결하는 방법을 나름 찾았습니다. 저는 새로 무언가를 배워야 한다면 무엇보다 먼저 가장 좋은 개론서를 찾아 읽으려고 애씁니다. 펼쳐 든 식품학 개론서는 생각보다 잘 읽혔습니다. 비록 지금도 그 책들에 나오는 전문 용어를 외우지 못하지만, 식품학의 원리를 논리적으로 이해하는 일은 그다지 어렵지 않았습니다.

그래도 '음식' 하면 요리법 아닙니까? 음식 공부를 하기 전만 해도 저는 먹을 줄만 알았지 어떻게 만드는지 전혀 관심이 없었습니다. 제가 자랄 때만 해도 남자가 부엌에 들어가면 '고추'가 떨어진다는 말을 귀에 못이 박히도록 들어서 더욱 그랬습니다. 처음에 반대했던 어머니 신찬곤(辛讚坤, 1932~2021)과 1987년 김치박물관에서 만난 이상희(李相姬, 1925~1994), 이 두 분은 저에게 요리법을 직접 보여주면서 차근차근 알려준 선생님이었습니다.

두 번째로 제가 한 음식 공부의 방법은 '현지 조사'입니다. 1987년부터 대학 동기 둘과 매달 다녔던 답사 여행은, 출판사의 요청으로 1990년부터 전국의 오일장을 찾아다니는 현지 조사로 바뀌었습니다. 이 현지 조사(《한국의 시장: 사라져가는 우리의 오일장을 찾아서》(1~4), 공간미디어, 1995)에서 저는 식재료의 생산 현장, 지역에서 이름난 음식점, 그리고 요리 도구와 식기를 만드는 장인의 작업장 등을 방문하여 인터뷰했고, 그분들이 모두 제 음식 공부의 또 다른 선생님들이었습니다.

문화인류학과 민속학의 교과서에 따르면 1년 정도 한 공동체에 머물면서 현지 조사를 하면 좋다고 합니다. 저는 중국 대륙, 그것도 베이징에서 4년 가까이 살면서 현지 사람들의 식생활을 꾸준히 관찰하고, 그들처럼 살면서 먹고 마시려고 노력했습니다(《중국, 중국인, 중국음식》, 책세상, 2000). 이 경험 덕분에 한국인의 식생활이 지닌 특징을 파악할 수 있었습니다. 모국이 아닌 곳에서의 현지 조사는 모국의 사회문화를 이해하는 지름길입니다. 2007년 가을부터 1년 동안 일본의 남단 가고시마에서의 생활은 일본인의 식생활을 체험할 수 있는 현지 조사의 시간이었습니다. 중국 대륙과 일본에서의 현지 조사 경험은 '서로 닮았으면서도 다른' 동아시아 음식 문화의 역사와 현재를 살피는 책(《차폰 잔폰 짬뽕: 동아시아 음식 문화의 역사와 현재》, 사계절, 2009)을 출간하는 힘이 되었습니다.

세 번째로 제가 한 음식 공부의 방법은 다른 지역과의 비교입니다. 저는 중국 대륙과 타이완, 홍콩, 일본열도에서 음식 관련 현지 조사를 여러 차례 수행했습니다. 한반도를 포함하여 동아시아는 저의 음식 공부에서 비교할 수 있는 현장입니다. 비교 연구는 단지 비교하려는 대상이 얼마나 서로 다른가를 밝히는 데 목표를 두면 안 됩니다. 비교 대상 사이의 닮은 점을 찾는 동시에 왜 서로 다른지에 대해 질문해야 합니다.

　동아시아의 지식인들은 오랫동안 한문으로 글을 써왔습니다. 불교라는 종교는 동아시아의 공통분모입니다. 일본을 제외한, 유학과 성리학은 동아시아의 많은 사람이 비슷한 예절 기준과 공동체의 위계 기준을 갖도록 만들었습니다. 그런데 좋아하는 음식은 동아시아의 남북과 동서가 확연한 차이를 보입니다. 자연환경도, 농작물과 키우는 가축, 즐겨 잡는 생선 등도 달라서 생겨난 다름일 것입니다. 같은 조건에서 왜 다른지를 살피는 공부가 바로 비교 연구입니다.

　네 번째로 제가 한 공부는 인문학과 사회과학의 이론을 음식 연구에 접맥하는 작업이었습니다. 이 분야는 제가 대학 학부와 대학원에서 전공으로 공부해온 것입니다. 저는 기존 이론을 답습하는 공부를 그다지 좋아하지 않습니다. 언제나 새로운 것을 좋아합니다. 겉으로 보아서 음식과 아무런 관련이 없다고 해도 저는 음식 연구의 범위를 확장하면서 새로운 이론을 접맥하려 노력합니다.

제 인생에서 첫 번째 단행본인 《김치, 한국인의 먹거리》(공간미디어, 1994)에는 출판 당시 파악했던 국내외 문화인류학계에서의 음식 관련 이론이 정리되어 있습니다. 《음식전쟁 문화전쟁》(사계절, 2000)은 문화인류학의 개론서에서 다루는 주제를 음식 공부에 접맥해 목차를 구성했습니다. 그 이후 완벽하지는 않지만 역사학·문화인류학·민속학은 물론이고, 사회학의 새로운 이론을 음식 공부에 접맥한 책(《한국인은 왜 이렇게 먹을까?》, 휴머니스트, 2018)을 집필할 수 있었습니다. 기존 이론을 그대로 적용만 하면 안 됩니다. "왜?"라는 질문을 던짐으로써 기존 주장을 이해할 수도 있고, 다른 시선에서 새로운 주장을 펼칠 수도 있습니다.

다섯 번째로 음식 공부에서 제가 중요하게 고려한 점은 문헌 속의 음식 관련 기록이 과연 역사 속에서 실제로 있었던 일인가 하는 것입니다. 이 책에서도 다루고 있지만, 한문이나 한글로 쓰인 예전 문헌에 음식이 나온다고 그것이 모두 실생활에서 실행되었다고 보면 안 됩니다. 주로 한문으로 글을 쓴 예전 지식인들은 자신들의 선배 학자들이 쓴 글을 자신의 글에 옮겨 적어야 정통파 학자라고 생각했습니다. 이 점이 매우 중요합니다.

제가 조선시대의 그림 중에 음식이 나오는 것을 골라서 음식의 역사를 다룬 책(《그림 속의 음식, 음식 속의 역사》, 사계절, 2005)을 집필한 이유도 되도록 실제 생활에서 먹고 마셨던 음식을 확인해보기 위해서였습니다. 사진처럼 묘사한 조선시대 그림도 100퍼센트 실재의 장면을 그린 것은 아니지만, 국가의 중요한 행사를 상세하게 기록한 '의궤(儀軌)'나 일기 또는 편지와 같은 문헌과 대조하면 식생활의 실제 모습에 좀 더 가까이 다가갈 수 있습니다.

좀 어려운 작업이었지만 동료 학자들과 함께 원나라 때 출판된 《거가필용사류전집(居家必用事類全集)》의 〈기집(己集)〉·〈경집(庚集)〉·〈임집(壬集)〉에 적혀 있는 요리법이 조선시대 요리책에 어떻게 옮겨지는가를 분석한 연구(《조선 지식인이 읽은 요리책: 거가필용사류전집의 유입과 역사》, 한국학중앙연구원출판부, 2018)를 한 이유도 그 때문입니다. 조선시대 남녀 지식인 15명이 쓴 요리책·시집·문집·일기·여행기·세시기·편지 등에 담긴 음식 이야기를 그들의 인생과 시대적 상황을 연결하여 정리한 책(《조선의 미식가들》, 휴머니스트, 2019)도 되도록 조선시대 사람들이 겪은 음식 생활의 진면목을 밝혀야 한다는 제 음식 공부의 굳은 믿음에서 쓰였습니다.

여섯 번째로 제가 음식 공부를 하면서 처음부터 지금까지 일관된 생각은, 아무리 음식의 역사를 연구한다고 해도 현재가 중요하다는 것입니다. 요사이 사람들이 왜 이런 음식을 먹고 마시는지 궁금해야 과거의 역사에 숨을 불어넣을 수 있습니다. 곧, 현재의 눈을 가지고 과거의 음식 역사를 살펴야 한다는 것입니다.

제가 20세기 전반부의 식민지기에 주목하여 음식의 역사를 살핀 이유(《식탁 위의 한국사: 메뉴로 본 20세기 한국 음식문화사》, 휴머니스트, 2013)도 여기에 있습니다. 동료 학자들과 함께 1950년대 이후 식품업과 음식업, 식품학계에서 활동해온 분들의 경험을 구술로 듣고 정리한 연구(《음식 구술사: 현대 한식의 변화와 함께한 5인의 이야기》, 한국학중앙연구원출판부, 2019)를 한 이유도 그 때문입니다. 2010년대 이후 한국 음식은 세계화의 길을 걷고 있습니다. 이 세계화의 길을 가능하게 했던 지난 100여 년의 정치적·경제적 이유를 살피는 책(《백년식사: 대한제국 서양식 만찬부터 K-푸드까지》, 휴머니스트, 2020)도 오늘날 한국인의 식생활 모습이 언제부터 시작되었는가 하는 의문에서 시작되었습니다.

이 책은 제가 그동안 음식의 역사와 문화를 연구하면서 알아낸 '음식 공부법' 12가지를 정리한 내용으로 구성되었습니다. 하나의 공부법에 가장 적절한 음식 한 가지를 사례로 설명합니다. 문화인류학자는 문화 현상을 연구할 때 '총체적인 관점(holistic perspective)'을 가지려고 노력합니다. '총체적 관점'은 하나의 대상만을 연구하더라도 그것을 둘러싸고 있는 여러 요소가 존재한다는 전제 아래, 그것들이 어떻게 서로 연결되어 있는지 파악하려는 태도입니다. 곧, 음식의 역사와 문화에 관한 공부는 맥락을 이해하는 것이 중요합니다.

〈EBS 클래스e〉의 '음식 인문학' 12강의 방송이 끝나고 나서 담당 작가가 제게 메일로 한 시청자의 감상평을 보내주었습니다.

"정성을 느끼게 한다. 오랜 시간 심혈을 기울여 시공을 초월하여 철학을 갖고 연구했음에 틀림없다. 그 외에도 위대한 사람들이 많다. 농사일 하는 분들도, 각 분야의 전문가들도 그렇다. 한 우물을 파라. 지성이면 감천이다. 지구별에서 어떤 존재로 남을 것인지 사색하자."

너무나 과분한 평입니다.

2021년은 제가 음식 공부를 한 지 만 35년이 되는 해입니다. 시청자가 평했듯이, 저는 '음식 인문학'이란 한 우물을 줄기차게 파왔습니다. 제 주변에는 이런 연구자나 학자가 너무 많으니 자랑거리는 아닙니다. 다만, 저는 한 우물을 파면서도 언제나 새로운 이론과 방법론을 접하면 제 음식 공부에 적용하려고 노력했습니다. 아마 앞으로도 이런 시도는 계속될 것입니다.

고문헌

《규곤요람(閨壺要覽)·음식록)》

《규합총서(閨閤叢書)》

《남천일록(南遷日錄)》

《동국세시기(東國歲時記)》

《백운필(白雲筆)》

《본초강목(本草綱目)》

《봉선잡의(奉先雜儀)》

《봉성문여(鳳城文餘)》

《산가요록(山家要錄)》

《산림경제(山林經濟)》

《쇄미록(瑣尾錄)》

《수운잡방(需雲雜方)》

《여유당전서(與猶堂全書)》

《우해이어보(牛海異魚譜)》

《음식디미방》

《인재일록(忍齋日錄)》

《임원경제지(林園經濟志)》

《자산어보(玆山漁譜)》

《제민요술(齊民要術)》

《조선무쌍신식요리제법(朝鮮無雙新式料理製法)》

《조선요리제법(朝鮮料理製法)》

《주식방문》

《주식시의(酒食是儀)》

《증보산림경제(增補山林經濟)》》

《형초세시기(荊楚歲時記)》

국문 문헌

가빈 플러드(이기연 옮김),《힌두교: 사상에서 실천까지》, 산지니, 2008.

강인희,《한국의 맛》, 대한교과서주식회사, 1987.

경북대학교출판부 편집부(편),《음식디미방(고전총서 10)》, 경북대학교출판부, 2003.

곽차섭,〈역사가, 사료, 해석: 위서(僞書)를 통해 본 몇 가지 생각〉,《역사와 경계》 93, 2014.

국립민속박물관(편),《조선대세시기 Ⅲ: 경도잡지·열양세시기·동국세시기》, 국립민속박물관, 2007.

김광억,〈음식의 생산과 문화의 소비〉, 한국문화인류학회,《한국문화인류학》 26권, 1994.

김광억,〈상상이 경쟁하는 공간-한국에서의 중국 음식〉,《한국인류학의 성과와 전망》, 집문당, 1998.

김려(박준원 옮김),《우해이어보: 한국 최초의 어보》, 다운샘, 2004.

김려(최헌섭·박태성 옮김),《최초의 물고기 이야기: 신우해이어보》, 경상대학교출판부, 2017.

김성보(외),《한국현대생활문화사》(4책), 창비, 2016.

김영교,〈아이스크림의 종류와 품질〉,《식품과학과 산업》 제7권 제3호, 1974.

김종덕,〈미국의 대한 농산물원조와 그 영향에 관한 연구〉, 서울대학교대학원박사학위청구논문, 1992.

농심40년사편찬팀,《농심 40년사》, (주)농심, 2006.

두유운(권중달 옮김),《역사학연구방법론》, 일조각, 1984.

로라 B. 와이스(김현희 옮김, 주영하 감수),《아이스크림의 지구사》, 휴머니스트, 2013.

문세영(편),《조선어사전》, 조선어사전간행회, 1938.

문화공보부 문화재관리국(편),《한국민속종합조사보고서 제2책 전라북도편》, 문화재관리국, 1971.

박은경,《한국화교의 종족성》, 한국연구원, 1986.

박은경, 〈중국 음식의 역사적 의미〉,《한국문화인류학》제24집, 1994.

박채린,《조선시대 김치의 탄생 : 조선시대 김치문화 성립과 김치식속의 다면성 연구》, 민속원, 2013.

삼양식품그룹,《삼양식품30년사》, 삼양식품그룹, 1991.

삼양식품21년사편집위원회,《삼양식품21년사》, 삼양식품공업주식회사, 1982.

샌더 엘리스 카츠(한유선 옮김),《음식의 영혼, 발효의 모든 것》, 글항아리, 2021.

시드니 민츠(김문호 옮김),《설탕과 권력》, 지호, 1998.

식품의약품안전처,《식품공전》, 식품의약품안전처, 2021.8.

애덤 그랜트,《싱크 어게인: 모르는 것을 아는 힘》, 한국경제신문, 2021.

양미경, 〈전주한옥마을과 전주비빔밥의 문화자원화 과정 연구〉, 한국학중앙연구원 한국학대학원 민속학전공 박사학위청구논문, 2013.

양세욱, 〈음식 관련 중국어 차용어의 어원: '춘장·짬뽕·티'를 중심으로〉,《국제중국학연구》제60집, 2009.

양세욱,《짜장면뎐: 시대를 풍미한 검은 중독의 문화사》, 프로네시스, 2009.

에릭 홉스봄·사라 모건(박지향 외 옮김),《만들어진 전통》, 휴머니스트, 2004.

왕런샹(주영하 옮김),《중국음식문화사》, 민음사, 2010.

요시다 케이이치(박호원·김수희 옮김),《조선수산개발사》, 민속원, 2019.

윤서석,《한국요리》, 수학사, 1977.

이규진·조미숙,《불고기: 한국 고기구이의 문화사》, 따비, 2021.

이규태,《한국인의 밥상문화》①②, ㈜신원문화사, 2000.

이근우·신명호·심민정·부경대학교 대마도연구센터,《한국수산지: 100년 전 일본인이 본 우리의 바다》(2책), 새미, 2010.

이성우,《고려 이전의 한국식생활사연구》, 향문사, 1978.

이성우,《한국식경대전(韓國食經大典)》, 향문사, 1981.

이성우,《조선시대 조리서의 분석적 연구》, 한국정신문화연구원, 1982.

이성우(편),《한국고식문헌집성-고조리서(Ⅶ)》, 수학사, 1992.

이숙인·김미영·김종덕·주영하·정혜경,《선비의 멋 규방의 맛: 고문서로 읽는 조선의 음식문화》, 글항아리, 2012.

이시필(백승호·부유섭·장유승 옮김),《소문사설, 조선의 실용지식 연구노트: 18세기 생활문화 백과사전》, 휴머니스트, 2011.

이옥(실시학사고전문학연구회 옮김),《완역 이옥전집》1~5, 휴머니스트, 2009.

이욱정,《누들로드: 3천 년을 살아남은 기묘한 음식, 국수의 길을 따라가다》, 예담, 2009.

이정희,《화교가 없는 나라》, 동아시아, 2018.

이종봉, 〈전순의의 생애와 저술〉,《지역과 역사》28호, 2011.

재레드 다이아몬드(강주헌 옮김),《어제까지의 세계: 전통사회에서 우리는 무엇을 배울 수 있는가》, 김영사, 2013.

전순의,《산가요록》, 농촌진흥청, 2004.

전순의(한복려 엮음),《다시 보고 배우는 산가요록》, 궁중음식연구원, 2007.

정약전(이청·정명현 옮김),《자산어보: 우리나라 최초의 해양생물 백과사전》, 서해문집, 2016.

제프리 M. 필처 엮음(김병순 옮김, 주영하 감수),《음식의 역사, 옥스퍼드 핸드북》, 따비, 2019.

조자호(정양완 풀어씀),《조선요리법: 75년 전에 쓰인 한국 전통음식문화의 정수》, 책미래, 2014.

조풍연,《서울잡학사전: 개화기의 서울 풍속도》, 정동출판사, 1989.

주영하,《김치, 한국인의 먹거리》, 공간미디어, 1994.

주영하,《중국 중국인 중국음식》, 책세상, 2000.

주영하, 〈개혁개방 이후 중국 도시인의 음식소비가 지닌 문화적 의미〉,《국제지역연구》4, 2000.

주영하,《음식전쟁 문화전쟁》, 사계절, 2000.

주영하,《그림 속의 음식, 음식 속의 역사》, 사계절, 2005.

주영하,《차폰 잔폰 짬뽕: 동아시아 음식 문화의 역사와 현재》, 사계절, 2009.

주영하, 〈'비빔밥'의 진화와 담론 연구〉, 《사회와 역사》 제87집, 2010.

주영하,《음식 인문학: 음식으로 본 한국의 역사와 문화》, 휴머니스트, 2011.

주영하, 〈한 사대부 집안이 보여준 다채로운 식재료의 인류학: '음식디미방'과 조
    선기 경상도 북부 지역 사대부가의 식재료 수급〉, 《선비의 멋 규방의 맛:
    고문서로 읽는 조선의 음식문화》, 글항아리, 2012.

주영하,《밥상을 차리다: 한반도 음식 문화사》, 보림, 2013.

주영하,《식탁 위의 한국사: 메뉴로 본 20세기 한국 음식문화사》, 휴머니스트, 2013.

주영하,《2014년 기초연구과제 총서:《라면의 지구사》 출판을 위한 기초 연구》, 율
    촌재단, 2014.

주영하,《장수한 영조의 식생활》, 한국학중앙연구원출판부, 2014.

주영하, 〈1609~1623년 충청도 덕산현(德山縣) 사대부가의 세시 음식: 조극선의
    《인재일록》을 중심으로〉, 《장서각》 38집, 2017.

주영하, 〈부안 김씨가 해삼을 한양에 보낸 이유〉, 《우반동 양반가의 가계 경영》, 한
    국 학중앙연구원출판부, 2018.

주영하,《한국인은 왜 이렇게 먹을까?: 식사 방식으로 본 한국 음식문화사》, 휴머
    니스트, 2018.

주영하,《조선의 미식가들》, 휴머니스트, 2019.

주영하,《서울특별시 무형문화재 제8호 삼해주》, 서울특별시, 2020.

주영하,《백년식사: 대한제국 서양식 만찬부터 K-푸드까지》, 휴머니스트, 2020.

주영하·김혜숙·양미경,《한국인, 무엇을 먹고 살았나: 한국 현대 식생활사》, 한국
    학중앙연구원출판부, 2017.

주영하·양영균·김혜숙·박경희·양미경,《음식 구술사: 현대 한식의 변화와 함께
    한 5인의 이야기》, 한국학중앙연구원출판부, 2019.

주영하·오영균·옥영정·김혜숙, 《조선 지식인이 읽은 요리책: 거가필용사류전집의 유입과 역사》, 한국학중앙연구원출판부, 2018.

주영하·전성현·강재석, 《한국의 시장》(4권), 공간미디어, 1995.

차하순, 〈시대구분의 이론과 실제〉, 《한국사시대구분론》, 도서출판소화, 1995.

최덕경, 〈대두의 기원과 장·시 및 두부의 보급에 대한 재검토-중국고대 문헌과 그 출토자료를 중심으로-〉, 《역사민속학》 제30호, 2009.

최덕경, 〈대두재배의 기원론과 한반도〉, 《중국사연구》 31권, 2004.

캐럴 헬스토스키(김지선 옮김, 주영하 감수), 《피자의 지구사》, 휴머니스트, 2011.

캐롤 R. 엠버·멜빈 엠버(양영균 옮김), 《문화인류학》, 피어슨에듀케이션코리아, 2012.

켄 알바라, 〈역사 기록물로서의 요리책〉, 제프리 M. 필처 엮음(김병순 옮김), 《음식의 역사, 옥스퍼드 핸드북》, 따비, 2019.

한경구, 〈어떤 음식은 생각하기에 좋다: 김치와 한국민족성의 정수〉, 한국문화인류학회, 《한국문화인류학》 26권, 1994.

한국식품과학회, 〈한국의 아이스크림〉, 《식품과학과 산업》 제7권 제3호, 1974.

한국식품과학회, 《식품과학기술대사전》, 광일문화사, 2008.

허정구, 〈1970~80년대 막걸리 소비 퇴조에 관한 민속학적 연구〉, 중앙대학교대학원석사학위청구논문, 2011.

황익주, 〈향토음식 소비의 사회문화적 의미: 춘천 닭갈비의 사례〉, 한국문화인류학회, 《한국문화인류학》 26권, 1994.

중문 문헌

吉成, 〈國産方便麵:何時好吃看得見〉, 《國際食品》 1997年 第1期, 1997.

刘莹, 〈西北穆斯林"拉面经济"从业人员城市融入研究〉, 中央民族大学 社会学硕士論文, 2012.

拔林,《臺麵魂》, 幸福文化, 2014.

聶鳳喬, 〈醬〉《中國烹飪百科全書》, 中國大百科全書出版社, 1995.

孫機, 〈豆腐問題〉, 《農業考古》1998年 第3期, 1998.

孫萬國, 〈中國菜餚命名研究〉, 《中國食苑-論文第一集》, 經濟科學出版社, 1994.

楊堅, 〈中國豆腐的起源與發展〉, 《農業考古》2004年 第1期, 2004.

陳文華, 〈豆腐起源于何時?〉, 《農業考古》1991年 第1期, 1991.

CCTV-1,《舌尖上的中國, 第1集》第3編 〈轉化的靈感〉, 2012.

일문 문헌

岡田哲,《ラーメンの誕生》, 筑摩書房, 2002.

大崎裕史,《日本ラーメン秘史》, 日本経済新聞出版社, 2011.

鈴木猛夫,《〈アメリカ小麦戦略〉と日本人の食生活》, 藤原書店, 2003.

林采成,《飲食朝鮮》, 名古屋大學出版會, 2019.

味の素株式會社,《味の素グループの百年: 新價値創造と開拓者精神》, 東京: 味の
　　　素株式會社, 2009.

味の素株式會社,《味の素沿革史》, 東京: 味の素株式會社, 1951.

飯島渉(編),《華僑·華人史研究の現在》, 汲古書院, 1999.

飯島渉,《華僑·華人史研究の現在》, 汲古書院, 1999.

山本三生(編),《日本地理大系 第12卷 朝鮮篇》, 改造社, 1930.

西村大志,《夜食の文化誌》, 青弓社, 2010.

石毛直道(編),《論集 東アジアの食事文化》, 平凡社, 1985.

石毛直道, 〈酒造と飲酒の文化〉, 《論集 酒と飲酒の文化》, 平凡社, 1998.

善生永助, 〈朝鮮に於ける牛市場〉, 《朝鮮》1925年1月(第117號), 1925.

細井亥之助(編), 《朝鮮酒造史》, 朝鮮酒造協會, 1935.

笹川臨風·足立勇, 《近世日本食物史》, 雄山閣, 1935.

小菅桂子, 《にっぽんラーメン物語》, 講談社, 1998.

篠田統, 《中国食物史》, 柴田書店, 1974.

速水健朗, 《ラーメンと愛国》, 東京: 講談社, 2011.

孫貞圭(等), 《現代朝鮮の生活とその改善》, 京城綠旗聯盟, 1939.

安藤宏基, 《カップヌードルをぶっつぶせ! - 創業者を激怒させた二代目社長のマーケティング流儀》, 中央公論新社, 2009.

安藤百福發明記念館, 《轉んでもただでは起きるな!ー定本·安藤百福》, 中央公論新社, 2013.

安井三吉, 《帝国日本と華僑ー日本·台湾·朝鮮》, 青木書店, 2005.

奥山忠政, 《文化麺類学-ラーメン篇-》, 明石書店, 2003.

伊原圭, 《朝鮮料理》, 京城書房, 1940.

伊作藍溪, 《晋州案內》, 晋州郡晋州面飛鳳洞, 1914.

日本風俗史学会(編), 《図説江戸時代食生活事典(新装版)》, 雄山閣出版, 1996.

日清食品株式會社社史編纂プロジェクト(編輯), 《日清食品創業者·安藤百福傳》, 日清食品株式會社, 2008.

朝鮮總督部 農事試驗場(編), 《朝鮮總督部 農事試驗場 二拾五周年記念誌(上)》, 朝鮮總督部 農事試驗場, 1931.

主婦之友社(編), 《西洋料理と中華料理》, 主婦之友社, 1950.

周永河, 〈チャジャン麺ロード-20世紀東北アジア'チャジャン麺流浪の旅〉, 《中華料理と近現代日本:食と嗜好の文化交流史》, 慶應義塾大学出版会, 2019.

草野美保, 〈国民食になった餃子-受容と發展をめぐつて-〉, 《日本の食の近未来》, 思文閣出版, 2013.

村山俊夫,《インスタントラーメンが海を渡った日: 日韓·麺に賭けた男たちの挑
　戦》, 河出書房新社, 2015.

河合利光(編著),《比較食文化論》, 建帛社, 2000.

영문 문헌

Flandrin, Jean-Louis., Montanari, Massimo.(Editor), Sonnenfeld, Albert.(Translator),
　Food: A Culinary History from Antiquity to the Present, Columbia University
　Press, 1999.

Goody, Jack, "Industrial Food: Towards the Development of a World Cuisine", *Cooking,*
　Cuisine and Class, Cambridge University Press, 1982.

Harris, Marvin & Ross, Eric B., *Food and Evolution*, Temple University Press, 1987.

Joo, Young-ha. "Imperialism and colonialism in the food industry in East Asia: focusing
　on instant Ramen", Leiden: International Institute for Asian Studies The
　Newsletter(75), 2016 .

Joo, Youngha, *Korean Cuisine: The History of Exchange and Hybridization*, The Academy
　of Korean Studies, 2020.

Kim, Kwang-ok(editor). *Re-orienting Cuisine: East Asian Foodways in the Twenty-First*
　Century. Berghahn Books, 2015.

Kushner, Barak., *Slurp! a Social and Culinary History of Ramen-Japan's Favorite Noodle*
　Soup, Global Oriental, 2012.

Levi-Strauss, Claude., *Totemism*, Beacon Press, 1962.

Norton, Mercy, "Tasting Empire: Chocolate and the European Internalization of
　Mesoamerican Aesthetics", *The American Historical Review*, Vol.111, No.3,
　2006.

Mintz, Sidney., "Asia's Contributions to World Cuisine", *The Asia-Pacific Journal, Japan*

Focus, Volume 7, Issue 18, Number 2, May 01, 2009.

Notaker, Henry, *A History of Cookbooks: From Kitchen to Page over Seven Centuries*, Oakland, California: University of California Press, 2017.

Park, Hyunhee, *Soju: A Global History*, Cambridge University Press, 2021.

Pilcher, Jeffrey M.(ed), *The Oxford Handbook of Food History*, Oxford University Press, 2012.

Pilcher, Jeffrey M., *Food in World History*, Routledge, 2017.

Wiegelmann, G., *Everyday and Festive Dishes: Change and Contemporary Position*, N. G. Elwert: Marburg, 1967.

음식을 공부합니다

음식에 진심인 이들을 위한 '9+3'첩 인문학 밥상

1판 1쇄 발행일 2021년 11월 22일
1판 4쇄 발행일 2022년 11월 21일

지은이 주영하

발행인 김학원
발행처 (주)휴머니스트출판그룹
출판등록 제313-2007-000007호(2007년 1월 5일)
주소 (03991) 서울시 마포구 동교로23길 76(연남동)
전화 02-335-4422 팩스 02-334-3427
저자·독자 서비스 humanist@humanistbooks.com
홈페이지 www.humanistbooks.com
유튜브 youtube.com/user/humanistma 포스트 post.naver.com/hmcv
페이스북 facebook.com/hmcv2001 인스타그램 @humanist_insta

편집주간 황서현 편집 이영란 임미영 디자인 박진영 표지 일러스트 카콜
조판 홍영사 용지 화인페이퍼 인쇄·제본 정민문화사

ⓒ 주영하, 2021

ISBN 979-11-6080-733-2 03910